徒手格斗

——南美洲国际特警训练营防卫术

尹 伟 著

中国言实出版社

图书在版编目（CIP）数据

徒手格斗：南美洲国际特警训练营防卫术 / 尹伟著 .
-- 北京：中国言实出版社，2016.11
　　ISBN 978-7-5171-2064-3

Ⅰ . ①徒… Ⅱ . ①尹… Ⅲ . ①警察—格斗—基本知识 Ⅳ . ① G852.4

中国版本图书馆 CIP 数据核字 (2016) 第 269153 号

出 版 人：王昕朋
责任编辑：宫媛媛
绘　　图：王陆陆
装帧设计：水岸风创意文化 ～

出版发行：中国言实出版社
　　　地　址：北京市朝阳区北苑路 180 号加利大厦 5 号楼 105 室
　　　邮　编：100101
　　　编辑部：北京市海淀区北太平庄路甲 1 号
　　　邮　编：100088
　　　电　话：64924853（总编室）64924716（发行部）
　　　网　址：www.zgyscbs.cn
　　　E-mail：zgyscbs@263.net
经　　销：新华书店
印　　刷：北京温林源印刷有限公司
版　　次：2017 年 1 月第 1 版　2017 年 1 月第 1 次印刷
规　　格：710 毫米 ×1000 毫米　1/16　13.75 印张
字　　数：210 千字
定　　价：39.80 元　ISBN 978-7-5171-2064-3

前 言

人类社会是在矛盾冲突中不断向前发展的。无论冲突对抗的表现形式如何变化，徒手格斗对抗都会永远存在。徒手格斗是人类最古老的战斗形式。特警突击队员由于武器失灵、弹药用尽、装备坏死而自身又无法逃脱、回避时，就会陷入一种只能以赤手空拳迎击战斗的处境——与对手短兵相接已成为不得已的局面，当现代化的武器装备未能制止对手时，队员就只能依靠自己最后的一道防线——徒手格斗。

2000年5月至2001年2月，我出任援外工作，担任南美洲厄瓜多尔国家特警队"警察个人防卫"教官。2008年5月至12月，再次赴厄瓜多尔，担任国家特警队防卫教官。在厄期间，我主要对厄瓜多尔国家特警队队员、国际特警培训班学员及厄瓜多尔高等警官学校学生进行个人防卫方面的技能培训。另外，我受邀对厄瓜多尔的其他警队人员、要人警卫人员、边防警察及部分警衔晋升的警官进行"警察个人防卫"的训练；我还受厄瓜多尔特警队的委托，对厄瓜多尔周边国家进行交流培训，如智利、哥伦比亚、阿根廷等国家，前后受训人数近1000人。在厄期间，我还在厄瓜多尔的主要城市基多、瓜亚基尔、昆卡、蒙达及杜如根，配合当地特警活动，进行了汇报表演，在厄瓜多尔警界，乃至厄瓜多尔的周边国家，产生了一定的影响。厄瓜多尔国家警察总长授予我"和平骑士"荣誉称号。

徒手格斗是我传授的特警个人防卫技能中的一项基础性技能，且是不

和平骑士雕像

"和平骑士"荣誉证书

可替代的重要训练内容。徒手格斗训练一是培养技能，二是培养品行。一方面，突击队员的徒手格斗是警务技能发展中不可或缺的一个组成部分。对队员来说，徒手格斗技能已成为他们实际战斗的实质性组成部分，并始终被认为是一名突击队员战斗能力的基本部分。警用的徒手格斗除了要达到军事格斗那种"永远要尽可能快捷地令对方受到最大程度伤害"的目的外，还要合法、合理、及时地抓住战机而有效制伏并控制对方，同时使自己少受攻击，实现自我防护。另一方面，徒手格斗训练可以帮助队员建立自信的品行，通过训练使队员相信自己的能力，即在压力之下毫不恐惧慌张的思维能力和反应能力，这是成败的关键。训练有素的队员相信，只要自己真正地刻苦训练过，而且身体强健，在精神上也达到了"技师的水准"（技师的水准是指面对危险能毫无恐慌地在一瞬间作出反应，并在搏击对抗中，始终保持清醒的思维），他的对手就休想击败自己。在格斗中，一些技术或许一点都不会用上，但如接受过大量的徒手格斗训练而且能记忆清楚（心理记忆和肌肉记忆），这些"训练储存"就会成为队员头脑中无价的保障。任何一个人，不论身体高矮、胖瘦及健壮与否，一旦经过良好的训练，他就会获得对他自己及其搏击能力的高度信心。这一点用其他途径是无法获得的。当然，信心是成功者的重要特质，但过分自信却容易成为一个人的薄弱环节所在，会招致对抗的失败。格斗训练就是要队员在拥有自信的同时避免自负，时刻提醒自己所面临的潜在危险及遭受失败后的后果。自信心的培养需要必要的训练手段，如

格斗训练中的对抗练习

尹伟和秘鲁学员合影

辅导安保人员

辅导安保人员及妇女志愿者

"正视危险"训练、"克服恐惧"训练、"忍耐痛感"训练、建立"拼死相搏的决心"训练、"设想成功"训练及放松训练等。

　　本书所介绍的徒手格斗是在队员评估自身生存条件的基础上，列举了生存要素之一——实战技能中的徒手格斗技术。这些技术动作实施及运用，必须建立在良好的思想准备、情绪准备和身体准备的基础上，以身体的戒备姿势、动态平衡为基本平台，以身体的移动、封阻为基本防护，从而根据对抗的实际情况作出判断和付诸行动：摆脱对方的抓抱纠缠，或是实现对对方的摔投、踢打及控制，最后仍然保持基本的警惕性面对周围。

尹　伟

2016 年 6 月 22 日

目 录

第一部分

执教的国度

EN EL ALMA DIC

　　回国后，别人问我："出了一趟国回来，你自己最大的感受是什么？"我说："我现在比以前任何时候都爱国，而且我非常自豪我自己现在所从事的工作。"在厄瓜多尔，他们说，提到西班牙就想到"斗牛"，说到中国就想到"功夫"。

一、厄瓜多尔

"厄瓜多尔"（Ecuador）一词，在西班牙语中是"赤道"的意思，故厄瓜多尔被称为"赤道之国"。

厄瓜多尔赤道纪念碑

尹伟和千年海龟合影

　　厄瓜多尔共和国位于南美洲西北部，西临太平洋。面积有 28 万多平方千米。人口近 1610 万（2015 年），其中印欧混血种人占 77.42%，印第安人占 6.83%，白种人占 10.46%，黑白混血种人占 2.74%，黑人和其他人种占 2.55%。货币为美元，官方语言为西班牙语。

　　厄瓜多尔原为印第安人建立的印加帝国的一部分。1532 年沦为西班牙殖民地。1809 年 8 月 10 日宣布独立，但仍被西班牙殖民军占领。1822 年彻底摆脱西班牙的殖民统治。1825 年以基多地区的名称加入大哥伦比亚共和国。在 1830 年退出大哥伦比亚后，宣布成立厄瓜多尔共和国。

　　厄瓜多尔处于赤道两侧而得名，赤道从厄瓜多尔的北部穿过，把全国分为两半，北方面积占全国面积的四分之一，南方面积占全国面积的四分之三。

　　厄瓜多尔的海岸线长约有 930 千米。安第斯山脉纵贯国境中部，将全国分为西部沿海、中部山地和东部地区三个部分。

　　西部沿海，包括沿海平原和山麓地带，东高西低，一般海拔在 200 米以下，也有海拔 600 米至 700 米的丘陵和低山。位于太平洋东部赤道上，离大陆海岸向西约 970 千米处，有著名的科隆群岛，是当今世界上少有的奇花异草、珍禽怪兽云集之地。这里可以遍览从羊齿植物到椰树的大千世界，可以看到南极的企鹅和热带的大海龟（有千年海龟）、大蜥蜴和睦共处，鹈鹕和火烈鸟相互嬉戏。由于这个群岛以拥有珍奇动植物而闻名，因而被称为"活的生物进化博物馆"和"海洋生物的大熔炉"。联合国教科文组织授予它"世界自然遗产"的称号。

中部山地，分为东、西科迪勒拉两条平行山脉，两山之间为北高南低的高原，海拔平均在 2500 米至 3000 米之间。山脊纵横交错，把高原分成十多个山间盆地。境内有火山众多，地震频繁。在厄瓜多尔执教期间，我曾感受过四次的地震，当然地震都不大。那儿一旦火山爆发，附近地区的人都必须带上面罩，空气污染很严重，到处漂浮着火山灰。著名的科托帕希火山，海拔 5897 米，为世界最高的火山之一。

东部地区，有最大的河流——纳波河，东流注入亚马逊河。

厄瓜多尔以"香蕉之国"闻名于世。我到过厄瓜多尔不少的香蕉园，看到的香蕉是个大串多，味道甜蜜，随处都能看到一些运往日本、美国等地的香蕉箱。可以说，香蕉产业在厄瓜多尔经济中占有重要的地位。就连我在厄瓜多尔期间每天必吃的饭食之一就是香蕉。香蕉的吃法很多，有炸的、汤水煮的、烤的、做成脆片的，和别的食品混在一起做成丸子的，以及剥了皮就吃的。除了香蕉外，我每天吃得最多的要数土豆了，有土豆片、土豆块、土豆泥及土豆条等，做法很简单，不是煮就是炸。单调的饭菜，把人都吃烦了。我刚回北京时，谁跟我提土豆和香蕉，我就跟他"急"。另外，该国盛产贵重木材，如红木、香膏木、桃花心木等。有一种不知名的树，其树叶可用于桑拿浴，

纳波河

火山映衬下的首都基多

透过树叶的热蒸气，清凉宣肺，清爽宜人，很受当地人的喜欢。

该国的首都是基多。在基多的北面约 24 千米处建有规模最大的赤道纪念碑，是厄瓜多尔有名的浏览胜地。我所在的国家特警队就在基多北郊，距赤道纪念碑只有几公里，我和队员们经常跑步经过那儿，如果在那儿的赤道线附近称体重，就会发现自己的体重要轻 3~4 千克。沿着赤道线，在别的城县也有不同规模的赤道纪念碑，其样式各一。尽管赤道贯穿厄瓜多尔，除了安第斯山脉（安第斯山脉全长近 9000 千米，是世界上最长的山脉，也是世界上最大的山系之一，大部分山峰海拔 3000 米以上，不少高峰海拔 6000 米以上）东侧丛林地区比较温热闷人之外，其他地区并不酷热，有的地区还相当凉爽。比如：首都基多是古老的印第安城市，因为城里遗留着很多著名的历史建筑，而被誉为"安第斯大博物馆"。整个城市气候宜人，四季如春。准确地讲，那里只有冬夏两季，我问过许多人，他们都说不清楚两季的月份，感觉每月冷热都差不多，只是 12 月开始到来年 3 月，雨水多了一点，略有些冷。基多虽靠近赤道，太阳直晒时皮肤如刀割一般烫疼，但因其海拔在 2800 米以上，没有太阳之处，山风

尹伟在基多的纪念品商店里留影

清凉。一次，我在看当地的斗牛表演时，被阳光晒得隔着衣裤还感觉皮肤发烫。后来我只好脱掉上衣，用两手举过头顶遮阳，以防阳光灼伤皮肤，这样才坚持看完表演。我和队员们曾在海拔3000米以上的昆卡城市做功夫表演，当时人被晒得好像身上要着火似的。一做动作，一会儿就喘不过气来，头发沉，脚发飘，氧气不足。表演完后，一躲到阴凉处，风一吹，立马感觉凉快多了。

厄瓜多尔的自然风光很迷人。我在厄瓜多尔执教期间到过很多地方，每每都能观赏到美丽的自然景色，但常常遗憾自己不是作家、不是诗人、不是画家，脑子里总是重复着简单的话——"太漂亮了，太漂亮了"。挺拔的大树，树枝略带弧形而向上生长；站在旷野上，不同色调的梯田层层块块；云雾缭绕在半山腰，夕阳打在云层的顶端，发出耀眼的光芒；还有那身旁脚边的奇花异草，让人眼花缭乱；高高的雪峰在阳光下闪烁着白银般耀眼的光泽，这不是"雪莲"，是什么？平静的火山湖，茂密的芦苇丛中，到处是玩耍的野鸭，时不常还飞出几对白鹭，滑翔在青山、蓝天、白云倒影的湖面上，让人看了，心旷神怡……

二、国家特警队

厄瓜多尔国家特警队是厄瓜多尔国家警察队伍中的一支精锐部队。崇高的信念和无私奉献的精神构成了这支队伍的灵魂。在那里，队员不但要有为国牺牲、无私奉献的精神和坚定的为社会服务的信念，还要有良好的道德、学识、心理和身体条件。当完成每一项任务后，面对人民感谢的目光，油然而生的骄傲感为这支队伍提供了强大的动力。该队创建的是一支无敌之师、威武之师，以全天候保障国家的和平、稳定和发展。他们的口号是：我志愿当一名特警队

厄瓜多尔国家特警队

队徽

员，完全清楚我的选择，我将努力维护特警队的尊严、荣誉和高昂的士气；我将用我的行动表明，我是一名经过特别选拔、训练有素的队员，我时刻准备着为特警队的目标战斗到底。

黑色是他们队旗的颜色，代表着神圣和不可捉摸。特警队员除了迷彩作战服、绿色贝雷帽及警察制服外，作战衣裤、头盔、皮靴、防弹服、腰带、枪械、枪套、袜子、手套及面罩等都是一色黑，培训班的教官们还配有黑色圆领的短袖或长袖 T 恤衫。学员只有培训合格后，才有资格穿上黑色 T 恤衫。全副武装的特警队员一身黑，站出来就是一面旗帜。

他们的队徽：一枚金盾，代表着队员们技艺精湛；金盾的上缘，有一银灰和深蓝两色为底色的横幅，上面写着"POLICIA NACIONAL（国家警察）"；金盾中间是一把向上的银灰色剑，体现特警队员刚正不阿、胸襟坦荡的品质；一道红色闪光打在利剑上，代表着队员行动的神速和力度；黑色的"GIR"三个字母威严地镶嵌在利箭和闪光上，位于整个图案的中间部位。

按西班牙语字面翻译，"GIR"是"干预与救援之队"。在行政上，国家特警队直属于厄瓜多尔内政与警察部领导，编制于国家警察作战司令部直属警察部队；在执行行动任务时，直接听命于国家警察作战司令部的指挥。特警队共编有 238 人，队长为中校衔，全队分为两大部分：本部（指挥部）设在首都基多，由队长和两名少校副队长组成指挥领导组，负责山区和东部雨林区；分部设在全国最大的城市瓜亚基尔，编有 96 人，分队长为少校，负责西部沿海地区。特警队本部设有作战部、训练部、后勤部等。所有作战队员分为两个作战队：作战一队和作战二队。每个作战队都设有行动组、射击组、爆破组和警犬组等。所有队员都一专多能，紧急时刻，他们都能担当起各种角色，出色地完成任务。

特警队于 1977 年 7 月建队，当时取名为"特种警察之队"——GFE（Grupo de Fuerzas Especiales de la Policía Nacional）。1982 年 1 月改名为 BIR（Brigada

尹伟和执勤特警队员的合影

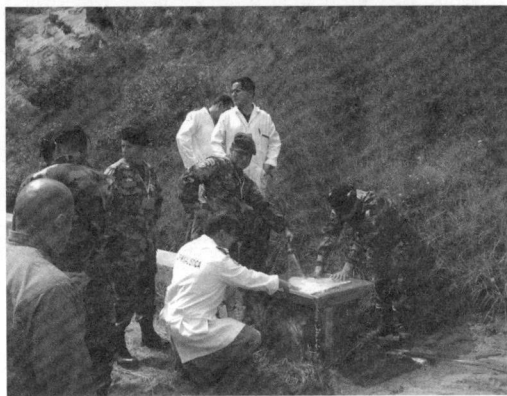

枪弹实验

de Intervención y Rescate），到了 1984 年 6 月，才确定为现在的"干预与救援之队"——GIR（Grupo de Intervención y Rescate）。特警队初建时，美国的陆军特种部队给予了很大的帮助，前后派了六名教官来队执教。近 40 年来，特警队经历了风风雨雨，由最初的 16 名队员，发展到现在的 200 多名队员。他们无数次地完成了各种突发事件的处置、抢险救灾、人质解救、对恐怖组织的打击等任务，还承担了部分街头的巡逻盘查等工作。可以说，上至飞机出事，下至水底打捞，小至家中猪牛被窃，大至政府要人警卫，在厄瓜多尔没人愿意干的，他们干；没人能干的，他们干；没人敢干的，他们干。他们还多次赴国外缉拿国际要犯，担当起国际刑警的职能，为国家立下了赫赫战功。1984 年 12 月，厄瓜多尔国家警察总司令部、参谋部颁布了新条令，将培训和提高厄瓜多尔国家警察个人技能、紧急干预能力，以及培训地方警卫人员的任务也划归该队。迄今该队已培训了数万名安全警卫等人员。

尽管厄瓜多尔国家的经济状况并不富裕，但特警队的作战科目却是高起点的，他们很讲究受训的资历，队员每接受完一种训练，都会获得证书和证章，证章都别在警服上。所以，从队员警服上的证章，就能看出他们的素质。这些证章有在西班牙受训的证章，也有在美国、哥伦比亚及智利等国受训的证章。特警队经常定期或不定期地选派优秀的队员去国外学习训练，短的 1 个月，长的达 3 年。

在厄瓜多尔警界，许多警察都以能在"GIR"受训为荣，这里的人民对"GIR"有很高的评价。犯罪分子一听"GIR"，心里就发毛。目前，特警队不仅使国内犯罪分子闻风丧胆、百姓拍手称快，而且在周边的国家也享有盛名。

作为特警队员，他们接受的是特殊项目的培训，忍受的是常人所不能忍受的折磨。他们在面对痛苦、苦难和挑战人类极限时，仍然能保持敏锐的反应，以保证在任何情况下都能完成保卫人民安全的任务。为引导人民遵守法律，阻止一切威胁市民自由的行为，保卫人民财产，保护人民生命，国家特警队永远时刻准备着，进行最有效的行动。

三、南美洲国际特警训练营

在这里会有你的希望和梦想，也可能会有彻底的失望和沮丧。它青睐强者，淘汰弱者。如果你认为自己意志足够坚强，体格足够健壮，来吧，GIR 特警队欢迎你！

为了发展充实和壮大特警队的力量，厄瓜多尔政府每年要拨资金，进行特警队员的选拔和训练工作。举办特警培训班是一项重要的特警队建设工作，每两年举办一次。当初的前六期都是在全国范围内进行招生，所有参加选拔培训者，都是男性志愿者，而且都被告知训练的艰苦性和风险性。

尹伟和第十一期学员的合影

从 2000 年第七期培训班开始，才有智利、巴拿马、玻利维亚、萨尔瓦多、委内瑞拉等其他南美洲国家的外籍学员参加特警培训班，这里成为南美洲国际特警训练营。参加培训的学员都是本国出类拔萃的佼佼者，作为国家的一种奖励，他们被送到这里进行培训。作为第七期和第十一期培训班的个人防卫教官，我为了能在特警营站稳脚跟，完成执教的任务，凭借自幼习武的功底，将自己从警的经验，尤其是执教的经验，进行了总结梳理，结合南美洲特警队所承担的任务需求、队员的身体素质条件，以及训练的条件和周期，创编了一套适合他们的个人防卫术。除了警械防控技术、枪支防控技术外，徒手格斗是个人防卫术的重要基础性内容，包括基本功训练、逃生、移动、躲闪、阻截、解脱、摔投及控制等技能。

另外，在授课执教期间，为了更好地了解当地特警的作战情况，同时，也

尹伟临离开特警队前，与欢送队员的告别合影

抓住机会，提高自身的警察素质，我除了授课及节假日休息以外，几乎将全部的时间都投入到其他科目的训练中，接受他们的培训。当我滚爬在丛林的阴沟里时，当我在陡壁悬空而绳索突然要断开时，当我身处海底发现没有氧气时，当我漂浮在橡皮艇上因毒辣的太阳和揪心的呕吐十几个小时不能进食时，我曾因为前面就是肉眼可见的"死亡"而害怕过，但我的自信战胜了害怕，甚至是死亡。我完成了在我以前认为是不可能做到的事。

这个班的受训学员，从一开始的189名，淘汰至最后的57名，有些学员是因为身体受伤，无法坚持训练，但大部分学员是因心理上无法承受而退下阵来。

他们的疲劳是超人的，一些学员在功夫课上，半闭着眼睛打"冲拳"，坐下压腿就睡着了。有的学员走在行军路上，因睡着了而掉在路边的水沟里。上一些理论知识课，根本就不能让他们坐着听，坐着听就得睡着一片，干脆让他们都站着听。

经受过他们的"魔鬼"训练后，对于他们的"残忍"我一开始不理解，我无法用体育的训练理论来合理解释，也反感——纯粹是"戏弄人"。但后来通过我自身的受训经历，我才明白其中的奥秘，对于他们的训练手段有了合理的解释：在他们后期的"上天"、"下海"、"入林"训练中，如果没有前期的超人训练，后面的训练是很难坚持下来的，因为，他们要面对的是极限，是生命终结的挑战。

四、警察个人防卫训练

在特警队，警察的个人防卫是指队员在执行任务时，以自身个体作为单元，在情况需求、法律允许、现有条件具备的情况下，对自我或对需要方实施的保护行为。根据特警的装备要求和执法行动特点，特警的个人防卫技能主要包括三个方面的基本内容：徒手技能、警械技能、武器技能。这些技能的使用又因队员在执行任务中所接触的对象和所处的现场状况的不同而具有不同的使用要求。例如，队员在对消极抵抗者和对徒手或使用枪械攻击者进行控制时，所动用的防卫技能的武力程度是不同的。队员在执行任务时所动用的技能，必须具有合法性和武力的对应性。如果使用技能的武力程度重了，则违法；轻了，又控制不了，会给自身带来危险。同时，在执法的过程中，由于事态是处在一种动态的变化之中，这变化又是突然的，没有思考的时间。一个看上去很平和的人可能会突然对特警队员进行暴力攻击。这种敌暗我明的状况，就是实战（防卫）技能使用的难点所在。因此，这对实战技能的使用提出了更高的要求，概括起来主要有以下几点：

防卫训练

第一，在突然遭到侵害时的瞬间能作出合理反应；

第二，在法律允许的前提下，能最有效地实现己方或需保护方的保护；

第三，能有效地使用随身器具，利用现场环境条件及物品，实现防卫；

第四，在来不及使用枪械（主要是手枪和警棍），只能徒手操作的情况下，能在最短时间内作出反应，实现防卫（如何对付徒手、持枪、持凶器及多人攻击）；

第五，在不能使用枪械、又不能丢失枪械的情况下，能实现自卫，并控制对方；

第六，作为第三者，在保护受害者的同时，能对侵害者实施最低损害程度的暴力制止；

第七，在遭受人以外（主要是动物，如狗和蛇）的袭击时，能进行自卫。

这里最为关键的是在最短的时间内所能作出的反应。瞬时的犹豫、一念之差，往往造成整个局势的不利和被动，甚至致命。身处险情，没有过多的时间让人思考，要在瞬间作出这样或那样的反应是极为困难的，许多防卫动作都是在下意识或半下意识的情况下完成的。可以说，这就是训练的重点，也是训练的难点。对队员进行个人防卫训练的目的，在于培养一种能徒手或使用随身携带的枪械或利用现场条件，即刻进行有效防卫的能力。因此，针对这种苛刻要求和极限挑战，个人防卫训练必须是科学而实效的。目前，个人防卫训练主要分五步：

第一步：基础训练

训练任务：发展队员的协调能力，使队员具备一定的抗击打能力、失衡的自护能力（主要是倒地的自护）和攻击力，并掌握徒手格斗的基本技术（踢、打、摔、拿）。

主要训练内容：

徒手训练：

1. 徒手格斗操训练。将格斗的踢打基本技术编组起来，按照体操的节拍进行练习。以发展学员的身体协调素质，并培养其身体的韵律感，使学员掌握基本格斗技术。

2. 持枪操训练。手持长枪的各种体操动作练习，其目的在于发展身体的协

调性和枪感。

3. 反应训练。双人的对抗性游戏练习，以培养学员的对抗素质。

4. 受身倒地练习。身体在地面上的各种滚翻、跌扑、移动动作练习，以培养学员的自我保护能力。

5. 功力训练。沙包及各种靶的击打，以及击板碎砖练习，以培养学员的击打力度。

6. 抗击练习。自我或双人的抗击练习，以培养学员的抗击打能力。

7. 格斗拳。将实用的格斗攻防组合技术，编组起来，进行成套或分段分组练习，以强化学员对基本技术和实用技术的掌握，同时提高学员的身体素质（操和拳的创编，其目的之一是便于平时操练和表演时的演练）。

8. 擒拿技术。对人体各关节的控制和倒地控制技术练习。

考核：

进行完第一部分的训练后，必须进行考核，只有合格者方可进入下一步的训练。

考试内容：

1. 功法考试。由倒地保护、抗击打、功力三部分内容组成。

2. 协调性考试。格斗组合技术。

3. 基本技术考试。部分套路动作（套路是集体演练）。

考试方法：

基础考试分成A、B、C三组，三组内容都由三部分内容组成。前两项内容是个人项目考试，后一项内容为集体项目考试。学员考试前的一天抽签选组——考试由三名教官集体执行，每名教官持有三张牌，分别标有3、5、7三个分数。在考试中，教官可根据学员考试情况出示其中的一张牌，去掉两头的牌分，中间一张牌分为学员的考分。考试合格，代表已基本具备自我保护的素质。

第二步：警械训练

训练任务：掌握警棍攻防技术、上铐技术、搜身技术、押解技术（带离现场）。

主要训练内容：

警棍训练：

1. 警棍辅助练习。擒拿技术和基本棍法练习。先学擒拿技术，然后再学习警棍的抓握解脱技术和警棍控制技术。

2. 警棍基本防护技术，多方位的格挡技术练习。

3. 警棍基本击打技术。

4. 警棍抓握解脱技术。

5. 警棍控制技术，单个技术和组合技术练习。

上铐训练：

基本上铐技术和抓捕近身上铐技术练习。

搜身、押解训练：

根据执法的需求，掌握搜身和押解的具体动作方法，以及掌握与之相关的防卫技术和战术。

第三步：平等对抗训练

训练任务：发展学员的实战对抗能力，培养格斗技术的实战运用能力。

主要训练内容：

1. 配合性的攻防组合对练。徒手和警棍技术对练。

2. 一定规则下的双人对抗练习。主要是借助竞技项目，培养对抗能力，如拳击、跆拳道、空手道、柔道、和气道、中国的散打等。

3. 站桩轮换实战。强化技术的实战运用和专项耐力训练。

至此，学员已基本具备了对抗的身心素质和实战意识。

第四步：不平等的对抗训练

训练任务：发展实战能力，掌握实用防卫技术。

主要训练内容：

1. 体格小对体格大、人数少对人数多。

2. 徒手和使用警棍对付手持刀刃、棍棒等。

3. 近身夺枪技术。

4. 相应的格斗战术知识学习。

5. 实用防卫技术训练和实用抓捕技术训练。

至此，学员已熟练地掌握了防卫的技能，并具有一定的运用能力。

格斗训练

格斗训练

经过"魔鬼"训练考验后队员们在欢呼

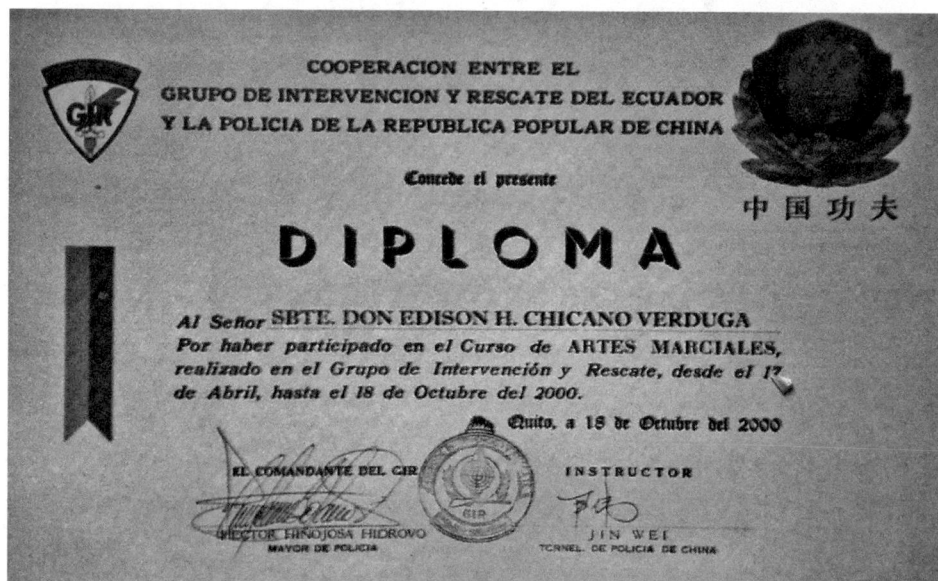

由尹伟签发的警察个人防卫合格证书

第五步：综合训练

训练任务：进一步强化个人防卫技能的实际运用。

主要训练内容：

将各种技术结合行动实践，进行实际运用训练，设置一些实战情景模拟训练，如以下训练：

1. 巡逻防卫（步巡、车巡中的防卫，以及徒步追击）。

2. 对暴力的制止（对酒鬼、武疯子、少数暴乱分子的控制等）。

3. 近身肉搏（各种作战中，处于开阔空间的搏斗，处于窄小空间如房间、车内等中的搏斗，以及处在水中的搏斗等）。

4. 对付动物的袭击，如狗和蛇的袭击。

应该强调，特警个人防卫的训练，应抓住队员"临界反应"这一要点。有效的防卫，在于争取时机，任何成功与失败的关键点在于临界的瞬间反应。这种反应不是听多了而形成的、不是看多了而明白的、更不是靠想象而想出来的，它是靠千万次的磨炼而形成的。先通过训练，学会部分技能，再通过训练，又掌握了一定的技能，再通过进一步的训练，使技能成为本能的一部分，然后再训练更高级的技能，依次反复进行，形成良性循环，使队员在思想上形成意识、在身体上具备素质、在思维上形成正确的思维方式、在动作上形成习惯，从而本能而自然地完成每一个行动，这就是训练的价值所在！

第二部分
生存评估

"魔鬼"训练

　　要想搏斗成功，实现自我防护并控制对方，必须进行训练。有效的训练能减少自己受到袭击并成为受害者的危险机会。制服并控制对方，其前提首先是自我生存，成功地自我防护——尽量避免遭受袭击，必须要具有基本的常识、正确评估及防控技巧。因此，训练首先要训练如何准确地评估危险情形，如何化解敌对情绪，如何保持警觉和主动。在现场要评估自己，评估对方，评估周围。

介绍一：给人的第一印象

2000 年 5 月 16 日，我挥手告别了亲人，独自踏上了飞往异国他乡的旅途。当飞机起飞的那一刹那，我意识到一切都要靠自己开创了，正像著名的《国际歌》里唱得那样："从来就没有什么救世主，也不靠神仙皇帝，要创造人类的幸福，全靠我们自己"了。

一路上，我心中总是有一种说不出的感受。其实，这是一种内心的不安。因为我将面对的是一个崭新的世界，而且又肩负着重任。这是一种要离开熟悉的群体，而投入到一个新的人文环境，一个不同体制、不同文化背景及不同人种的国土前的忐忑心情……

美国联合航空公司的波音 757 飞机，飞离了北京的高空，驶向大西洋彼岸，我的心也随之颠簸起来了。一种悲壮而崇高的情感在我身心里扩散，一直延续到我所乘坐的飞机抵达厄瓜多尔的首都基多。

从我踏上南美洲的土地开始，我发现当地人的第一特点是眼睛都很大。后来到了厄瓜多尔，居然没有找出一个单眼皮的人，在特警队的第二天，好不容易看到一个眼睛有点眯缝的队员，走近一看，还是双眼皮。

经过两天两夜的行程，飞机终于抵达厄瓜多尔首都基多机场。一种亲切之情油然而生，这并非因为它是我这次出行的目的地，而是我知道会有"自己的人"来接我。

一进入"入关检票"大厅，一位身材高大的警察拦住了我。"倒霉，要检查我是否带毒品了？"我心里自言自语道。因为临出国前，就听说，南美洲一带贩毒很猖獗，我在波哥大转机时，同所有的乘客一样接受了哥伦比亚警察的开包检查和搜身检查。我要求这位警察说英语。他说了几句，我没听懂。这时，我突然发现了一个东方人——浓眉大眼，正方脸，朝我这边走过来。我二话没说，就朝着他冲了过去，心想他一定是派来接我的中国人。果然不出我所料，他是我国使馆武官处的刘玉来秘书。他看到一东方人被拦在那儿，也猜想此人大概就是国内派来的教官，于是赶紧走过来询问。我像遇到救星一样紧紧握住刘秘书的手，两天来一直没着没落的心此时才算落下来。通过翻译，我才知道，原来这位警察也猜想我是中国教官，就主动过来，想看我的护照，要带我走"便

道"入关。原来都是一家人！我们在警察的带领下顺利地通过海关，来到机场的出口处。

一出机场，首先映入我眼帘的是一对和蔼的"中国夫妇"——王武官及其夫人，我赶紧上步握住"亲人"的手。他们关切地问我路途的情况，我简单地做了汇报。随后，他们向我引见了本次国际培训班的班主任——列宁上尉。大家寒暄了一阵，才上了车，离开机场，驶向我即将工作的营地——国家特警队。

在车上，我不时地打量着列宁上尉那张当地人特有的黝黑、棱角分明的面孔：高高的鼻子，深邃的目光，希望从那里找到与我不同之处。由于语言不通，我无法与他进行交流（到厄瓜多尔以后，我才知道，他们都讲西班牙语，不太会说英语）。令我纳闷的是，上车之后，坐在前排的武官夫人几次侧身回头看看坐在后排位上的我，却欲言又止，难道我与其他中国人有什么不同吗？难道我的举止有什么异样之处吗？出于礼貌，我真诚地冲她笑笑。车行驶一段路程后，她实在憋不住，终于笑着问我："你——行吗？看着文文静静，那么斯文，别整不了他们，这帮特警队员在当地可厉害了。"

这时，我才恍然大悟，怪不得上车时，听见武官夫妇在嘀咕什么，原来他们是看我外表有些不相信，也许我与他们想象中高大魁梧的格斗教官形象差异太大了。在国内，很多初次见我的朋友都很难将我的模样与我的职业联系在一起，因为我看上去比较斯文，没有一般人所认为的那种彪悍。只有在训练场上见过我的人，才能领略到我娴熟的职业技能，才会真真切切地看到异于我长相的威猛的一面，从而相信我具有的真功夫。难怪武官夫人担心呢。

其实那看不出表情的列宁上尉，也掩藏着对我的不信任，就其身高和身体的强壮而言，很明显他占优势。

我并不着急解释什么，只是冲武官夫人一笑，用较为平和的语气回答说："应该没问题吧。"

汽车在疾驰，大约过了半个小时，我们来到了基多北郊的特警队训练营地。

远远地，就看见了特警队大门上高高悬挂的特警队徽标。那是一枚耀眼的金盾，金盾中间是一把向上的银灰色利剑，利剑上有一道红色的闪光，黑色的"GIR"三个字母镶嵌在金盾和闪光上，位于整个图案的中间部位，显得威严、庄重、有气势。

一、保存自己的总体评估

突击队员在任何时候都应具有一定的敏锐反应，以应对突发的危害，这是生存能力的体现。

二、基本的准备

没有可选择的对手，只有准备着的队友。训练是准备，训练是现场没法准备、来不及准备的准备。

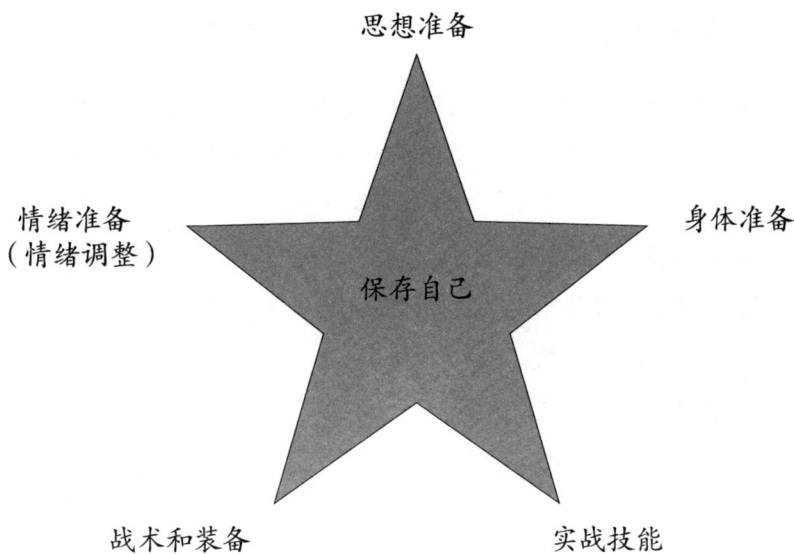

思想准备

情绪准备
（情绪调整）　　　　　　　　　　　　身体准备

保存自己

战术和装备　　　　　　　实战技能

队员必须学会全面地评价自己，并获取生存的基本能力。评估的基本要素包括有：思想准备、身体准备、情绪准备（调整）、战术和装备、实战技能（徒手格斗技能和使用枪械的技能）。

（一）思想准备

队员应具备成熟的个人心理和正确的理智，对其行动有较清楚的认识。

1.有一个计划性行动方案，行为操控前走一下脑子。

2.经常训练（如形象化思维训练）。

3.建立正确的思维概念和良好的行为习惯。

（二）情绪准备

队员所有行动的执行都应建立在良好的心理条件，即平衡的感情、思想及稳定的心理条件之上。

1.时刻都有保存自己和保护队友的思想意识。

2.随时调整自己的情绪，保持一定理性和激情。

3.经常训练。

4.梳理并统一预先的计划性行动方案，达到身心协调的状态。

（三）身体准备

队员经常要进行全面而高效的技巧性战术行动，为此队员应随时保持最佳的身体状态，不断提高抵抗力，增加警惕性，保证有着良好的身体状态，时刻专注任何情况。

1.时刻保持良好的身体状况。

2.经常训练，以便战术性地达到以下几点：

（1）更好的总体灵活性。

（2）加强抵抗攻击的能力。

（3）提高思想的警惕性。

（4）针对性地锻炼肌肉。

3.学会调整自我，避免引起枯燥感的练习。

（四）装备准备

突击队员在有效完成任务的同时，也要保证自身安全，技高还需利器。徒手格斗技能是特警突击队员在无法利用武器弹药及相应装备器械的情况下，一

种"保命"绝招。世界各国特警突击队都极为重视提高技术装备水平，研制生产了大量先进、适用的警用安防装备。突击队员必须拥有一些基本的作战装备，基本的单警装备通常有手枪、手铐、警棍，防护装备主要有防弹衣、防弹头盔、防毒面具等，针对一些特殊情况的特种装备主要有夜视仪、护膝等。突击队员的基本单警装备见下图：

突击队员的基本单警装备

三、实战技能

队员在执行任务的过程中，绝大部分情况下武器的使用是受限的，为此徒手格斗的技能就成了队员自保的最后"武器"。

队员个体的实战技能主要包括：徒手技能、警械技能和武器技能。在执行任务时，技能的使用要根据实际情况而定。队员必须时刻保持警惕，拥有安全的意识，一旦危险出现，能及时采取相应的技能措施，予以控制。为了最大限度地减小伤害程度，尽量不用技能。一旦使用技能应尽可能使用低伤害的技能动作，把对对方的伤害降到最低，以达到合法、安全、合理、及时地使用技能的效果。例如，在对方抗拒我方实施攻击时，我方能躲闪而不接触对方的，尽量使用躲闪动作；如果躲闪不及，就用格挡或搂抓等接触性的防护动作；如果格挡后对方还是对我方构成即时威胁的，那么我方就可使用攻击性的动作，控制对方；如果对方是持凶器攻击我方的，我方必须根据面临的危险决定使用警械，甚至武器控制。

介绍二：踢响第一脚

武官夫人的话，并非信口开河。在厄瓜多尔，国家特警队是一支战斗力很强的队伍。他们无数次出色地完成了各种突发事件的处置、抢险救灾、人质解救和对恐怖组织的打击，多次赴国外缉拿国际要犯，担当起国际刑警的职能，令犯罪分子闻风丧胆，为国家立下了赫赫战功。

在厄瓜多尔警界，都以能在特警队受训为荣，能够进入特警培训班的，一般都是各地选拔出来的优秀警官，都有一技之长。本期"国际特警培训班"，除了本国的队员，还有来自智利、玻利维亚、巴拿马、萨尔瓦多等周边六个国家的优秀警官。学员学习我所教授的防卫技能课程的同时，还学习日本的柔道（及柔术）、韩国的跆拳道、美国的PR-24防卫术（以警棍为主的防卫技术）。教授这些技能课的教官在厄执教短的有半年，长的已有好几年，他们都有了一定的基础和授课经验。学员中还有练过空手道、合气道以及拳击的，身手也都不凡。这些无疑都是对我技能的严峻挑战和考验，我必须在武技高强的众人之中技压群雄，才能站住脚，争取一席之地。这也就是中国使馆的武官夫人所担心的问题："能整得了他们吗？"

的确，这是一个很现实、棘手的问题。初到特警队的头几天，当我了解这边的情况时，就吃了一惊："教什么呀，他们都会，而且这些教官教得都不错。"由于武术的世界性越来越强，各国的武技都在吸收他国的长处而发展自己，使不同项目的武技已越来越相近。这里教的跆拳道并不只是在国内看到的绝大部分是腿法技术，还有拿法、摔法以及常见的一些防卫技法；柔道等课程教的技术也是很全面，同样具有擒拿、反擒拿及解脱等技术内容。不拿出点绝活，是很难吸引住他们的。但是我没有退路，只能硬着头皮上吧。我想起武官跟我说的一句话：你代表的是中国的警察形象，如果"整不了"他们，丢脸的不仅仅是你自己，还有中国功夫、中国警官。

所幸的是，我除了接受过中国的许多武术流派技术的训练外，也接受过拳击、柔道、跆拳道、空手道以及其他搏击等武技的训练，而且都不同程度地同这些武技的选手切磋过，有的直接对抗过。对他们的许多技术动作的优缺点，都有一定的了解。多年的技能学练、格斗教学，已使我养成了良好的思维习惯，我想运用对抗的"强"与"弱"存在的相对论，我就不信"整不了"他们。

孙子兵法曰：知己知彼，百战不殆。为了能建立起良好的教学训练开端，我不能打无准备之仗。我通过刘秘书了解到了这个培训班目前的训练课目和进程，对于一些与"格斗"相关的课目，如柔道课、跆拳道课、警棍术课及作战课等，作重点关注，从教官的水平到学员的学练情况，从教学训练的具体内容到进度都作了详细了解。

经过两天的调研，我发现，中国的格斗技术中肘、膝技术很独特，明显区别于柔道、跆拳道及空手道技术。同时我也观察到，这些学员大都有力量，但都是蛮力，缺乏灵活性。我想，如果我教学员跆拳道的一些实用腿法技术，让他们在巩固以前所学技术的同时，也教授一些对付跆拳道腿法的中国散打腿法和抱腿摔技术，其结果是：别人有的我也有，我有的别人不会，而且我会的又是制服别人的撒手锏。以"新"技术破"老"技术，这就叫"温故而知新"。中国的格斗技术显示出其特有的神秘性，学员的学练情绪就会一下子被调动起来，学好中国功夫，就一定能技压群雄。

对策已定，准备就绪，接下来就是开战。

2000 年 5 月 22 日上午 7：50 中国格斗课程正式开课，我身着花绿色中国警察作战服，以威严的姿态开始了我作为中国教官的第一次授课。特警队的八位

常务执行教官全部列席参加。

"你们好，我叫尹伟，我来自中国，从今天开始，我将给你们上警察个人防卫技术课。"面对一张张陌生的棕黄肤色面孔的外国学员，我用英文做开场白。

由于学员中大多数人说西班牙语，我讲英语他们并不能明白，于是我通过刘秘书的现场翻译，先给大家讲解格斗中的攻防原理，让学员了解时间、空间的变化与技术动作的运用，告诉学员中国功夫的以小搏大、以柔克强的技战术原理。等他们有一个基本概念之后，我开始了我的启发式教学。

我向队伍中一个五官端正，看起来有点"酷"的队员问道："如果有一个比你高大、强壮的歹徒站在你面前，你能不能制服他？"

他不敢做肯定的回答。他是一号学员，来自智利，是那个国家最优秀的警官之一，也是本期国际特警培训班最优秀的警官，后来我称他为"智利一号"。

其他队员也面面相觑，都不敢做肯定的回答。我便启发式地继续提问"智利一号"："如果你用自己的两只胳膊攻击他的一只胳膊，你看是不是有了些把握？"

他紧张的表情有些松动，但仍然不敢做肯定的回答。

这时候，我就做进一步提示："那么，如果你学会用自己的全身力气发力扭住对方的一根手指，你有没有这个力量？"

我解释说："'一个手指头'在中国功夫里代表着以弱制强，所运用的是'强'与'弱'存在的相对论；同时让你们明白，你们可以做到许多你们认为不能做到的事情。中国功夫讲究的不光是如何出击拳脚，更重要的是要用心，用脑子。"

"噢，我有点明白了。""智利一号"似乎悟出点中国功夫的奥妙之处。其他学员显然也有些按捺不住。

我让"智利一号"用手紧紧抓住我的胸口，通过对其手指作突破点，我运用擒拿手法，不仅解脱了他的抓抱，还将其制服在地上，牢牢地控制住，疼得他直叫。

特警队的训练营一下子活跃起来。

我击击掌，说："好吧！现在，我们来学习中国的警察个人防卫技术。"

我把中国格斗技术中的肘、膝技术拿出来，进行攻防演示，告知发力的技

讲解站立戒备姿势

巧性，强调学员的协调性和柔韧性。然后，将这些技法按照由易到难，从简到繁的程序串起来，并结合警察执法的特点将这些技法的实际运用进行示范演示和讲解，逐步将他们引入到我所设置的教学计划程序中。让学员惊奇的是，他们的技术对于我来说都能一一破解，而我所教授的技术又使他们感到新鲜有意思，深深地激发了大家的学练兴趣。很多学员在我示范时不由自主地跟着学练起来。列席听课的教官在我背后也摩拳擦掌地跟着比画起来。到了学员自己练习的时候，我忙前忙后地给他们指点，每当我纠正学员动作，让他们体会动作要领时，被我制服的学员都会赞许地点点头，表示对动作的认同，有的还竖起拇指用英语说："中国功夫！真棒！"

这更激发了我的自信心。

临下课前，我让刘秘书告诉他们，我将给大家表演一下"中国功夫"。我要用中国武术的套路表演来给他们一个总体印象，让他们领略一下中国功夫的魅力。当刘秘书将我的话用西班牙语告诉他们时，我发现很多学员的眼睛都闪烁着喜悦的光。他们也想看看中国的功夫到底是什么样的。展示自己的机会终

于到了，那一刻，我把我从小到大所学的中国功夫都融入进了我的"表演"之中，什么地躺拳、螳螂拳、劈挂拳、猴拳等，翻滚踢打，龙腾虎跃，拳脚虚虚实实，招式应接不暇，直看得他们眼花缭乱。当我大汗淋漓地结束"表演"时，我发现，学员们已经目瞪口呆了。我告诉他们，几个月以后，你们也同样可以像我一样完成这些动作，这更是令他们兴奋不已。从他们的眼光中我看到了充满了友善的敬佩之情。因此，我判断：我踢响了我的第一脚。

稍与学员熟悉后，他们将知道的仅有的一点对中国人的印象向我提问："你们还留长辫子吗？李小龙的功夫在中国是什么水平？你的武功这么好，为什么不拍电影……"我都耐心向他们做了解释。这些年轻的外国警官对中国功夫的了解还停留在李小龙武打片的时代。在我上课的第一天，在他们先入为主的意识里，李小龙在电影里的一招一式就代表着中国功夫，中国功夫就像李小龙表演的那样。这样的印象既对我有利，又对我不利。有利的是他们对中国功夫认同，有崇拜的心理；不利的是，他们人为地给我出了一道难题：那就是把电影里的人物搬到我面前，让我超越。我没有退路，只能成功，否则无法镇住他们。因此，对于我来说，既要从心理上满足他们对中国功夫的神秘感，又要在动作上讲究实用；既要有功夫中的花架子——表演性，又要有实战性。后来，许多学员说，看了我的演示，他们相信电影里的打斗都是真的。他们终于在现实中找到了电影人物的真身。从此，为了区别于其他防卫课程，学员们都把我上的防卫课称为"中国功夫课"。

也好，中国功夫的名称叫起来更响亮。

31

四、战术技巧

　　说到战术，通俗地理解，就是"把危险想得最坏，把准备做得最好，把行为做得合理"。战术技巧的最基本要求是队员能够安全而有效地完成任务。面对行动中的危险，队员能否安全、合理、及时而有效地运用实战技能，是队员运用战术的重要内容。

（一）了解十个致命错误

1. 疏于对自己的武器、车辆和装备加以练习与维护。

2. 不当地使用手铐和不当地缉捕。

3. 倦怠或昏睡。

4. 立刻放松。

5. 不注意或不能识别危险信号。

6. 采取不当的姿势。

7. 不看犯罪嫌疑人的双手。

8. 怒不可遏。

9. 担忧（操心另外的事情）。

10. 麻木不仁。

（二）保护和隐藏自身

1. 保护。

这个行为保护队员免受火力的攻击，允许利用任何障碍物；队员必须学会识别能够保护自身（能挡子弹）的物体（如大石头、电线杆及墙等）——掩护物。

2. 隐蔽。

这个行为允许队员只在对方视野范围内保护自己，但经不住火力的攻击；队员必须了解能够隐藏自身（挡不住子弹）的物体（如灌木丛）——隐蔽物。

（三）了解可以藏匿武器等危险物品的地方

1. 衣服。

2. 帽子。

3. 马甲。

4. 衬衣。

5. 裤子。

6. 鞋子。

7. 腰带或皮包。

8. 在衣服底下。

9.体内或身体的隐私处。

（四）使危险最小化的技巧

1.熟悉所处环境。

2.识别异常情况或事物。

3.识别可疑的情况。

4.注意武器的角度或走火及其威胁。

（五）应对遭遇突袭的技巧（使用便衣的遭遇战术）

1.保持自我保存的思想。

2.携带必要的装备。

（1）致命武器——枪支。

A.它的类型。

B.它的携带位置。

C.相应的弹药量。

（2）非致命武器。

A.有冲击力的器械（棍棒）。

B.用烟雾刺激的器械（催泪喷射器）。

C.约束性器械（手铐、约束带）。

（3）手电筒。

（4）防弹背心。

3.预设一个计划性行动方案并执行。

4.对一次突发变故的指导。

（1）突发变故的四个特点。

A.通常迅速并且出其不意（突然性）。

B.使指挥决策承担风险（风险性）。

C.打破原有的信仰、价值观和人们常识性的基本思考推测（陌生性）。

D.可能遭受身体或精神上的损失（伤害性）。

（2）不可相信的神话。

A. 英雄的神话——认为在适当的时候会重写传奇。

B. 超人的神话——认为在身体上是不可战胜的。

C. 超人类的神话——认为在精神上是不可摧毁的。

（3）在突发变故过程中发生的概念扭曲。

A. 时间的扭曲。

B. 视觉的扭曲。

C. 听觉的扭曲。

（4）在突发变故之后的身体或心理症状。

A. 身体。

a. 焦急。

b. 血压升高。

c. 胃痛或胃反酸。

d. 肌肉疼痛。

e. 性生活发生变化。

f. 胃口发生变化。

g. 便秘或腹泻。

B. 心理。

a. 高度的危险感。

b. 失控。

c. 恼火或指责。

d. 意志消沉。

e. 多梦魇。

f. 负罪感和自责感。

g. 出现并加剧家庭问题。

C. 自我调整（突发变故第一夜之后）。

a. 迅速镇静（深呼吸等）。

b. 慎重选择饮品（避免饮用含酒精和咖啡因的饮料）。

c. 使情绪得到发泄。

d. 不看媒体上登载的与之有关的消息。

e. 沿用日常的生活习惯（做平常做的事情）。

D. 在突发变故中除了自身外，还有可使用的资源。

a. 人力资源。

b. 队友或家庭资源。

c. 部门资源。

（六）接近行人的技巧

1. 靠近一个正在行走的犯罪嫌疑人时的考虑。

（1）是否逮捕此人（逮捕或监视）。

（2）在什么时候逮捕此人。

（3）在什么地方逮捕此人。

（4）使用何种方法逮捕此人。

2. 其他考虑：为什么自己应该靠近一个可疑的行人。

（1）对自己来说，怎样做更为安全。

（2）怎么控制此人更为可靠。

（3）留有充足的使用通讯的余地。

3. 一名或两名队员遇到问题时采取的最安全和有效的姿势。

（1）一名队员面对犯罪嫌疑人。

A. 好的身体姿势。

B. 以 90°角朝向对方。

（2）两名队员面对犯罪嫌疑人。

A. 好的身体姿势。

B. 90°角朝向犯罪嫌疑人。

C. 90°角朝向另一名队员。

（3）队员的接触或掩护。

A. 接触犯罪嫌疑人的队员引导整个过程。

B. 负责掩护的队员通过一个控制和警戒的姿势把所有注意力集中在犯罪嫌疑人身上。

C. 不要改变 90°角的站位。

（4）一名队员徒步追击犯罪嫌疑人时可以使用的战术。

A.阻截其步伐。

B.估计你的时间和攻击。

C.如果犯罪嫌疑人逃出了自己的视线。

a.谨慎地行进。

b.平行地跟踪犯罪嫌疑人。

c.保持在角落之外。

a) 停止脚步。

b) 尽可能远地保持距离。

d.避免进入有围栅、墙、灌木丛等没有出路的地区。

e.一直要掩护自己。

f.犯罪嫌疑人可能做的事情。

a) 试图移向他自己有利的一方。

b) 在找到一个藏身之地前试图逃跑，但不会超过100米。

c) 在找到一个藏身之地前通常不会穿过三个障碍物。

d) 通常选择阻力较小的道路。

e) 停在原地静观情况变化，以便控制局面。

介绍三：站稳脚跟

　　有了良好的开端，在以后的教学中我就感到他们服帖多了。为了稳住学员的演练情绪，我在前一阶段的教学中，主要采取先传授其他武技的长处技术，同时，再传授学员克制其他武技短处的招法。例如：我教学员跆拳道的一些实用腿法技术，但同时也教一些对付跆拳道腿法的中国散打腿法和抱腿摔技术；这样一来，一开始的授课内容的组成，其实就是其他武技的长处所在的技法加上克制其他武技短处的技法。这样能使我牢牢地抓住学员的心。

　　为了解决学员的基本功素质不够的问题，在初期的教学中，我自编了一套格斗操教给他们，用以发展协调练习。我教的动作，单个拿出来就能用于对抗实战，配合转体动作又是有节奏的体操，动作组合起来就是成套的套路练习，他们感觉非常的有意思。随着课堂教学进程的逐步展开，学员们的学练兴趣也愈来愈浓。动作过程的分解练习，动作实战运用的示范演练，都极大地吸引了他们。每当我上课时，列席听课的教官在我身边也都跃跃欲试地跟着比画起来，我经常忙前跑后，累得满头大汗。

由于我的精心教学，功夫课不仅在特警队站住了脚，而且像雨后春笋一样发展开来，我的课除了原定的教学时间外，又增加了课时量。每周上午五次，晚上三次，都是在室外进行。那里的训练条件很不理想，训练的设备和器材严重缺乏，连沙包、手靶都没有。因此，一些训练手段无法实施。但是，那里却是最好的磨炼人的环境：没有沙包，以人作为活靶；没有垫子，就硬在地上生磕。无论是烈日炎炎，还是阴雨连绵，都风雨无阻，特警队员要的就是"金钢铁骨"。赤道的烈日使我像换了一个人似的脱了一层皮，在教学示范中我常常是带头往地上倒，身上经常是青一块紫一块。

作为教官，我首先必须对自己教学的内容"吃透"，不仅知其然，还要知其所以然。对于动作在实战中的有效使用能正确把握，这一点是非常重要的。为此，授课要讲究效果，更要有艺术。

对于新教的技术动作，我一般都设有四五种实战运用方案，而且技术动作的教学除了讲动作的力学原理外，还注重技术动作的实战运用分析，往往根据实战中可能遇到的各种问题来安排技术动作的学练，并讲解技术的实战运用战术。

举例说，当我教授一个正面受到攻击而如何有效地予以反击的技术动作时，我首先将准备的五种技术中，先教授相对较为"难"一点的技术。这所谓的"难"是指该技术使用时需要的条件较为苛求。使用者需要经过一定的训练。然后再教使用条件相对宽松的技术动作。如果学员通过课堂上的练习，没有提出什么问题（一般这时上课认真的学员往往会提出问题），我就再教一个技术动作就暂时结束了新授内容，接下来就换别的练习内容。如果在我教完两个技术动作后有学员提出了问题，我就教其第三个技术动作；学员再提出问题，我再教第四个技术动作；如果学员还有问题，我就把第五个技术动作拿出来。一般到了第四、第五个技术动作的教学时，学员基本就没有问题了。如果确实还有问题，那我就只好拿出"撒手锏"。能问到六个问题的学员是聪明的学员，是

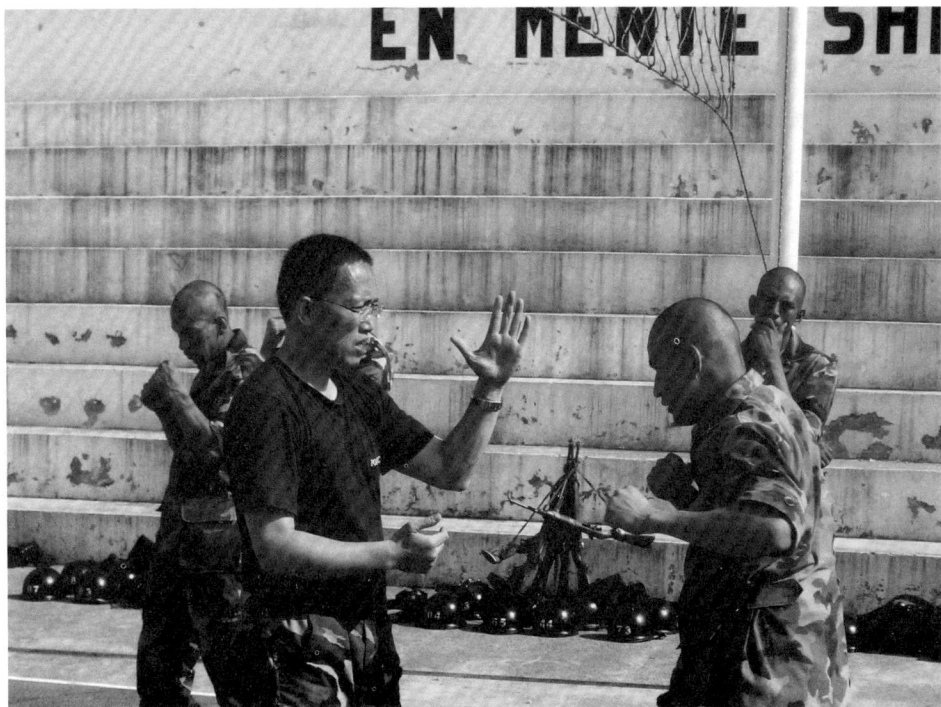

看掌击打训练

百里挑一的学员，将来往往是有出息的。

可以说，我的教学设置了一套程序，先抛出一个现象，让学员思考练习，然后设置了一套程序答案，等着学员来"采集"。每个学员不同的身心状况、不同的悟性、不同的个体差异，通过学习，各自的收获是不一样的。每个人根据自身的情况，最终所能采集的答案是不同的。这就是我的启发式教授法，也是我的区别式教授法。

如果一股脑儿地将所有答案不分对象地教给学员，这样往往教学训练的效果就不会很好。你今天教会了他，明天他就忘，有的能照猫画虎就不错了，更谈不上实战运用了，其结果是累了教官，还耽误了学员。

警察的防卫面临着一个问题，即要把自己虚拟成一个比对方弱小的人物，以迎接一切困难和攻击。我的办法是，在这种情况下，要学会镇静，等待对方的发难。要知道，任何人开始发挥其优势进攻时，其弱点肯定会同时暴露出来。我的训练就是要学员学会抓住其弱点，发力进攻。当然这部分教学最难，学员的问题最多。作为课程，教学上要讲究程序步骤。我一般先讲有一定限制条件的应对，然后再讲授条件不同的几套应对办法，最后再教最难的"绝招"。如果学员前面几套办法没学好，我决不教后面的"绝招"。因为只有当学员的身心接受能力都逐渐变强了后，才能更好地掌握其相应的技术动作。

　　根据不同的实战需求，设置不同的学习程序，教授不同的技术动作，这就是我教的课让学员感到神奇的原因所在。

　　后来，我除了本期的特警培训班课程外，别的特警培训班也提出让我给他们教授中国功夫。许多警界的人都知道特警队有一位中国功夫教官，他们都想来领略一下中国功夫的魅力。学员对中国功夫的学练情绪也空前高涨。很多学员反映中国功夫课很好，是很有用的课。他们知道了如何用腰部来发挥全身的力量，而且有了信心，学会了自我控制。对课程的训练组织，他们觉得很有意思，不像其他的一些课那样呆板。学员往往在不知不觉中，就把技术动作掌握了，学习兴趣很大。GIR特警队的领导、教官对功夫课都有反响。有的教官反映，他们已经看到了学员的提高，同其他武技相比，"功夫"的技术动作更全面，更为注重技术动作的整体性和系统性，不像一些武技那样技术动作零散和局部，希望这个培训班结束后，我还继续帮助他们的队员训练。训练部的教官则对我说，功夫已成为培训班，乃至整个GIR队的一个不可分割的组成部分，并提出希望我能推迟回国的时间，参与他们后面的训练，直至整个培训班的结束。通过目前的授课情况来看，他们觉得原定的训练时间还不够，有的课结束了，但"功夫"训练不能停，水上作战训练课和丛林作战训练课教授的同时，都要进行"功夫"训练，希望我能一直陪他们到整个训练的结束。他们相信"功夫"会对他们的训练及作战都有很大的帮助作用。

　　而特警队队长则对我说："我见了谁都提到，我们队里有位中国功夫教官在执教。别人都很羡慕，说我真荣幸。现在，我们整个队都知道，有一中国功夫教官。在这里，一些将军们也知道你，我们的最高司令也知道了，我希望你的功夫及训练方法对我们的丛林作战训练多给予帮助。我已对手下的人都说了，中国教官来了以后，很辛苦，各方面一定要照顾好，有困难可以直接跟我说。"

　　老队长是一个爽快干练而不乏风趣的人，他每次老远见了我都是大声地带着幽默调喊着：COMANDANTE　TODOBIEN？意思是，"司令官"先生，都很好吗？每次听到队长那热情友好的喊声后，我心情都能舒畅一整天。

第三部分
格斗技术

　　徒手格斗技术的实施及运用，必须建立在良好的思想准备、情绪准备和身体准备的基础上，以身体的戒备姿势、动态平衡为基本平台，以身体的移动、封阻为基本防护，根据对抗的需要付诸行动，摆脱对方的抓抱纠缠，或实现对对方的摔投、踢打及控制，最后仍然保持基本的警惕性面对周围。

介绍四：防护的策略

在所有的特警训练中，一个基本的指导思想："战"是一个迫不得已的选择。俗话讲：杀敌一千，自损八百。从人类自身安全的角度来看，自我防护的上等策略是避免或减少"对抗"的出现。在日常的勤务活动中，队员的"自我防护"是"避免麻烦"的艺术。对于人们来说，"打架"是容易的，但如何避免它却并不容易。据统计，大约有90%的成功的自我防护与避免暴力有关，而剩下的10%则是依靠使用身体动作与袭击者格斗。

当前，突击队常常被派去担任多重的使命，他们很多时候是生活在一种复杂多变、令人困惑的环境之中，如处置一些非战争性的民事骚乱或执行维和任务等。因此，他们使用徒手格斗必须根据自己已经掌握的技能知识、依照具体环境条件，实施必要的控制，不可随心所欲，这里避免与行动有关的人员产生不必要的对立、对抗及冲突，是徒手格斗的重要防护策略。

一般来说，良好的自我防护是为了不卷入麻烦，而要成功地做到这一点，就应该了解有可能引起麻烦的各种情形，并在冲突发生时保持清醒的意识。在这里，避免卷入麻烦，避免暴力升级或与袭击者打斗，提高自身的心理素质是至关重要的。提高自身的心理素质，不断增强体力和掌握动作技巧，一方面会提高自己的自信，另一方面会有助于自己思路清晰、反应敏捷，遇到潜在的危险，或者一旦动手起来，便会使自己集中精力而得机反击。智慧者（有心的人）经常会运用自然环境和洞察力等常识来判断潜在对手的心理状态和能力。

队员们经常要在不同场合接触不同的人，因此必须要比大部分人对暴力冲突有更多的心理准备和过硬的心理素质。真正的自我防护是时刻做好准备和拥有必备的常识，自己要洞悉对手心理及体力的弱点和缺陷；自己要知道并预见危险，自己思想和身体都要做好准备；当争斗不可避免时，必须知道自己要做什么，并把自己拥有的知识、技能和素质充分地展示出来。饱满的精神状态、自我的防护感以及快速而有力的动作，都是自己应对危险并渡过难关的重要法宝。

可见，徒手格斗是一种对抗的搏斗，保护好自身的安全实现自身防护是控

制对方的前提和搏斗的重要目的。避免暴力冲突是防护的重要策略和艺术，它是徒手格斗的"上层策略"。良好的心理素质是搏斗获胜的关键，强健的体力和精湛的技能能提高搏斗者的自信力；防护的常识、技能和自信会带给自己获胜的决心和力量。这些决心和力量，有赖于科学而有效的实战训练。

一、格斗姿势

格斗姿势是特警队员在格斗对抗中实施防范、攻击、控制的基本身体姿势，是攻防的"发射平台"，是攻防的"转换平台"，是攻防的"链条"和"缓冲带"。格斗的身体姿势，本身就是格斗的基本技术。

（一）基本姿势

格斗时身体的基本姿势是格斗对抗的预备姿势。格斗姿势要求两脚自然开立，身体侧向前方，两膝微屈，重心控制在两脚间。

格斗姿势的优势主要取决于三点：

是否便于进攻；

是否便于防守；

是否便于身体的移动。

护住下颌

目视前方

高与鼻齐

夹角约 90°

紧贴肋部

腹部微收

膝关节微屈

膝关节微屈

脚尖稍内扣

脚尖稍外掰

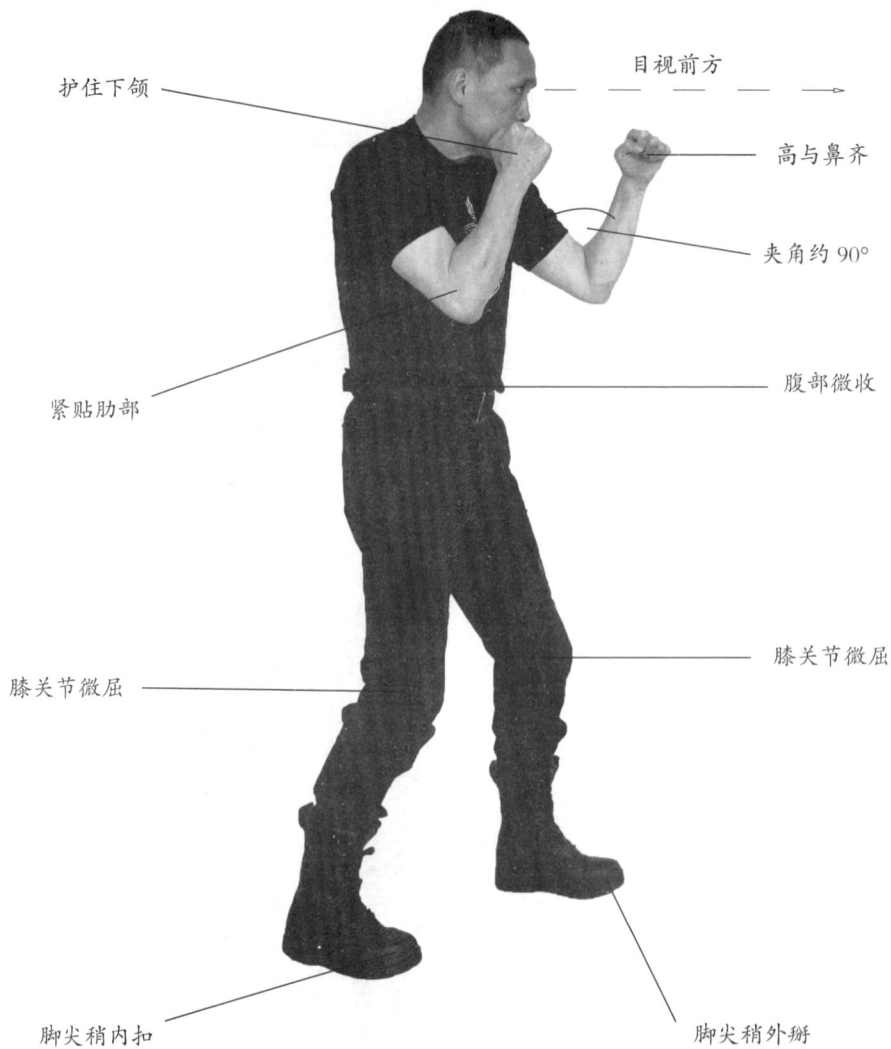

"格斗姿势"要点示意图

（二）戒备姿势

戒备姿势是在格斗姿势的基础上，屈臂提手，两膝微屈，含胸拔背，收臀，沉肩垂肘，微收下颌，目视前方。

戒备姿势的上肢的摆放既可将两手交叉放于腹前，这就便于以最近的路线，保护身体的要害部位，如头颈部、裆腹部；也可两手相合放于胸前，一旦有情况，两手迅速作出攻防的动作。

二、身体移动

　　身体移动是在保持一定身体姿势的基础上，根据实战对抗的需要和战术要求，变换身体的位置，调整与对方间的距离，在动态中实施进攻和防守。

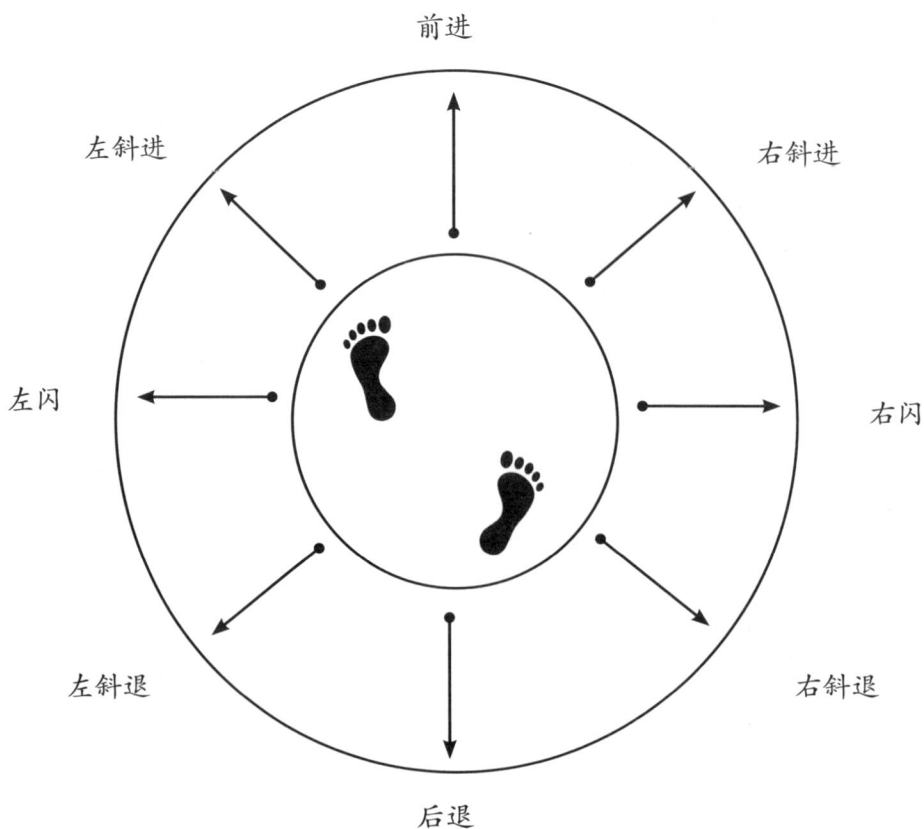

前进

左斜进　　　　　　　　　右斜进

左闪　　　　　　　　　　右闪

左斜退　　　　　　　　　右斜退

后退

身体移动步法示意图

（一）步法

步法是格斗技术的一个组成部分，它不同于日常生活中的走与跑的移动，而是符合格斗对抗要求的一种专门的步法动作。在格斗对抗中，为了完成进攻与防守，利用准确、迅速的步法来调整距离和寻找时机，对适时攻防起着重要的作用。

动作过程：

格斗姿势站立，一脚向任何方向滑进半步（或迈一步），另一脚跟进，两脚保持原先的距离，控制身体的平衡。

个人防卫对抗练习

俯卧撑训练

（二）闪躲

闪躲是以步法和身体的躲闪来避开对方进攻的一种方法。闪躲时保持上体含胸的基本姿势，重心平稳移动，手臂紧护两肋的部位，目视对方。

侧闪躲

下闪躲

后闪躲

提膝闪躲

后闪躲

介绍五：叫板

回国后，一谈到教外国警察功夫，许多朋友都关心的是有没有不服的？有没有"叫板"的？有挑战的怎么办？特别是在有柔道教官、跆拳道教官及空手道等教官在的情况下，又是如何"摆平"他们的。

的确，在厄瓜多尔特警队这样的环境中，就像是在打擂台赛，争夺擂主，随时都有挑战的可能性。这种挑战不仅仅是来自学员，还有教官之间。而教官之间的比武不是简单的动手切磋较量。由于教官的层次比较高，他们不会在你上课时过来"捣乱"，要跟你比武，那样会使他们冒风险。教官看课看的是任教教官的动作示范情况、教学内容和组织水平，他们关心的不是你一个人能打几个人的问题，而是他能否抓得住学员，你会不会把学生的心抢走，使他丢"饭碗"。

一切较量都是在暗中进行。

为了便于切磋，我们教官之间有时也互相看看课。一般教官看一两次课便能知道对方的大概水平了。我在看其他教官的课时，有的教官常常在做关键技术动作时背对着我，我知道那是有意在防备着我。而我在其他教官看课时，就重点放在威力的表现上，将实力显示出来，达到不战而屈人之兵。因而教官之间的较量，其实就是技术的暗中较劲，以技术优势争夺学生，谁抓住了学生，谁就是获胜者。

有一次，我班上的一名学员在我的课上学了一组倒地动作，上柔道课时，他情不自禁地练了起来。柔道教官看到后，过来问他哪儿学的，要他再做一遍，还问他一些问题，他没能答上来，结果柔道教官把中国的倒地功夫说得一分不值。这位学员觉得很窝火，后来上我课时，他跟我说了。我立即把他给臭骂了一顿，告诫学员在功夫没学到家时不要乱显摆。我向他们讲述了孙悟空拜师学武的故事：中国古典名著里有一只猴子叫孙悟空，拜师学艺只学了72变，为什么只学了72变，没学到更多的变术？就是因为自以为是，中国人叫作"半瓶水响叮当"，并借此机会向学员传授了中国的武德，中国人做人的谦逊。我规定，以后谁都不许将功夫的动作在别的课上瞎练，水平不到，练不出好东西，就别四处张扬，练不好，反而丢脸，丢你自己的脸，也丢我中国功夫的脸，谁违反纪律，谁就不准上功夫课。

动作示范

　　接着，我就把这组倒地的动作再作了讲解和示范，把它的实战意义、练习作用和学练方法都讲了一遍，并带着他们练了起来。

　　我这样做的目的是要打消柔道教官带来的消极影响，也不想因学生在别的教官课堂上习练中国功夫而引起别人的反感，遭来忌恨。既然他说了功夫动作的不是，我就结合柔道的倒地动作，说功夫动作的是。学员根据我的教学步骤一步一步地练习着，有的原先做得不好的，慢慢地都改过来了。我耐心而严厉地带着他们习练，学员们慢慢地入了轨，都做得很好。

　　第二天早晨，学员集合点名时，班主任列宁在全体学员面前再次宣布了上我功夫课的规定，谁违反，谁开除。这件小事对学员和教官的影响却不小。

　　除了教官之间的较量，学员里也少不了给我出难题的，他们想考验考验我，这就是学员暗地里的"捣乱"。例如，当我讲解锁喉的解脱时，学员会突然把一个一米八几的"大壮"推到我跟前，让我跟他做示范。我当然麻利地"锁"了他的喉，使他无法从我的掌中"解脱"。还有一次，当我做缠腕示范时，配合我示范的学员在我左脚上步近身时，突然用勾踢，扫我左腿，我左腿略提膝，反腿将其右腿勾住，将其摔倒，其他学员哄堂大笑。其实是几个学员串通好，故意要"偷袭我"，结果没成，学员们笑他偷鸡不成蚀把米。他们哪里知道，我

在做动作时，就已发现这学员的神态有点不对头，我提高了警惕。

还有一次，在给129人的上课中，由于上一次课的倒地擒拿练习练得太来劲，学生身体有点酸痛反应，上课有点不爱动。我就改变策略，我结合竞技对抗比赛散打实战，来讲解警务盘查中对暴力反抗的距离控制问题。当时，配合我示范的队员被我弄得有点"狼狈"，有的队员不服了，提出要求换人，结果推出一名号称是当地警校"第一跆拳道高手"给我当示范。这是一名深肤色学员，高高的个子，长手长脚，韧带还不错。

这自然是要跟我较把劲，我心里明白，来吧！

对方两个腿法动作，我都略作闪身而防守观察。当我看准其起后鞭腿时，我抢先一个垫步前腿正蹬，把他截住了，紧接着一腿侧踹，又控制了其前腿提膝的攻击。在对方落地调整平衡时，我突然近身用侧胸向他撞击，结果"噔、噔、噔"把对方撞出三四米，差一点摔倒在地，他踉踉跄跄地才站稳。

队员们哄然大笑，那学员还没有反应过来是怎么一回事。

类似的"难题"还真不少，学员们总会想方设法试探我、考考我。

记得还有一天，我刚宣布完下课时，学员不知从哪儿领来了一位"中国功夫大师"要我给检验（交手）一下。我很礼貌地询问他出自于哪家门派，并与他切磋民间武术的一些手法。俗话说，行家一出手，便知有没有。当然，这位"大师"从"施展大师"变成了要"拜我为师"。我给他的评语是，中国功夫好的没学到多少，江湖卖艺的骗人把戏学了不少。我放了他一马，给了他台阶下，他是千恩万谢……

由于语言的不通，我在技能课的教学和训练中，势必要做更多的示范，才能让他们领会整个动作的要领，因此每次教一个新技术，我都要亲自做示范。我发现一个特别的现象：配合我上课的教官一看我要找学员作示范，就专挑那些长得比较高大强壮的学员，头几次我也没在意。次数多了，我发现总是这样。按照国内的教学习惯，为了示范的效果，配合者的身材往往和教官的身材相适应，不会过分高大，也不会过分矮小。但他们给我找的配合者总是高出我一头，或是比我壮一圈，像是有意为难我，跟我叫板似的。后来时间一长，通过与他们的更多交流接触，才知道他们的思维习惯不同于我们，他们找出壮实者来做配合，只是想让他能有实力同我配合，以免示范时被我整得太狼狈。

我想，一方面是他们认可了我的功夫；另一方面，还是想再看看到底这功

训练间歇休息的学员

夫有多深，使点什么办法能难住我。

这难题还真让我碰上了一回。

有一次上课，我给他们讲解有关后抱腰的常规防卫解脱技术，我给他们设置了几种情境，难度是逐渐加深。最后我讲的一种是，我方被对方从后方拦臂抱住后的解脱，我教给他们几种方法后，他们就练了起来，大家感觉都很好。有一个很壮的学员把一个较瘦的学员狠狠地抱住，这个瘦学员一下子解脱不了了，就找我。我让他俩又做了一遍，然后对那个很壮的学员说："好，你抱住我。"那个大个子，略微一犹豫，但很快就紧紧地抱住了我，他刚要把我往上提，却突然松开了手，两手捂住裆部，嘴上还笑了起来。周围的学员也乐了起来。原来我使用的解脱方法，就是腹部略前挺，两手撩击其裆部。

下了课，那位瘦学员过来跟我说："我还想问一个问题，如果抱我的是个女性，怎么办？"我一愣……

三、肢体阻挡

肢体阻挡，一方面是在无法摆脱、身体闪躲不及的情况下，用身体的肢体部位拦截阻挡对方的攻击动作；另一方面是战术性地迎击格挡对方的攻击，为主动攻击及防守反击创造最佳的打击时机。

（一）格挡

格挡时，以小臂外侧为力点，配合拧腰转胯，向攻击的逆方向推挡，肘关节保持一定的屈度，整体运动发力，身体保持含胸收腹，目视对方。

（二）挡击

我方遭遇突然袭击时，迅速提双臂格挡迎击（用小臂直线逆向攻击力的方向），整体发力推出，迫使对方后退，保持一定距离，目视对方，准备格斗。

（三）搂抓

我方遭受对方直线或弧线攻击时，可将五指并拢，屈指折腕，以小臂贴靠对方攻击的手臂或小腿，配合拧腰转体，用手掌和腕部扣抓对方的手臂或小腿，身体保持含胸收腹，目视对方。

四、解脱技术

　　解脱技术是在队员的身体遭受对方的擒拿控制时，用于解救自己的技术动作。遭受擒拿控制时，首先是尽可能保持身体的稳定性（降低重心），根据实战对抗的需要和战术要求，变换身体的位置，调整与对方间的距离，在动态中实施进攻和防守。

（一）抓臂解脱

对方抓握我方的手腕或小臂时，我方迅速身体下沉，稳住重心。然后，针对对方手的虎口处，迅速转腰，利用杠杆原理（或借助相对错开的力量），爆发用力，予以解脱，拉开距离，保持戒备观察。

解

抓臂解脱 **1**

抓臂解脱 2

脱

61

解

抓臂解脱 **2**

抓臂解脱 3

解

抓臂解脱 **3**

抓臂解脱 **4**

脱

解

抓臂解脱 4

（二）抓肩解脱

我方遭遇对方抓肩时，手臂迅速上抬圈压对方的小臂，同时配合身体下沉、收腹、转腰，折压对方的手腕，予以解脱。

抓肩解脱

脱

（三）抱腰解脱

我方遭遇拦臂抱腰时，身体迅速下沉，同时双臂绷紧外张，然后屈臂上抬，上体前俯撅臀，接着肘击对方的肋部，予以解脱，拉开距离，保持戒备观察。

脱

抱腰解脱

（四）夹颈解脱

我方遇对方侧夹颈袭击时，我方身体迅速下沉，同时抓住对方的手臂，稳住重心（一脚后撤），随即一手按压对方的神经压点，借势头部回抽，予以解脱。

脱

夹颈解脱

介绍六：训练的实施

格斗训练要不间断地展开体力和防护技巧的训练。为此，练习者必须掌握以下戒律：

戒律一：学会控制自己的情绪和行为。

戒律二：学会运用技能动作的时机。

戒律三：夯实格斗的基础。

1.保持良好的身体姿势并稳步地移动。稳定的姿势，对保持良好平衡和徒手格斗的所有其他方面都是至关重要的。良好的身体姿势并在移动中保持稳定是为所有的动作和技术提供实施的基础。队员为了寻求最稳定的搏斗姿势，应该学会以腰部为动力及平衡点，而实施踢、打、摔等动作。因此，训练首先要训练这项技能。

2.控制双方间的距离。格斗训练的第一基础课程是要求队员学会如果条件允许的话，应该保持搏斗的距离，要使对方距离自己有一臂之遥。

3.破坏对方的平衡，保持自己的平衡。训练的第二基础课程是要求队员学会保持身体的平衡，队员如果不慎倒地，应始终设法快速起立或保持一个可以使其恢复站立状态的姿势或位置，尽量避免与对手纠缠在一起而滚在地面上。

4.充分利用一些可利用的武器，充分利用对方的惰性、分神、恍惚、激情等时机，针对对方的薄弱点，施用最大力量，主动攻击。

5.全神贯注，不要分心，增加自己的反应速度和动作的速度。如果一名突击队员想要在一场搏斗中恰如其分地果敢行动，那么敏锐的反应能力和快速动作是至关重要的。在实战环境的搏斗中，压力、恐惧和兴奋几种东西都混杂在一起，会把队员很大一部分理智及决策思维能力给消耗掉。处于这种情况下，人体就会通过求助其自身更本能的机体反应而做出相应动作。因此，具备随时可以作为机体自然反射可以实施的技术动作，对队员来说具有攸关性命的重要意义。因此，训练往往把重要的目标定在身体的反应训练上。让一些简洁而有力的技术动作反反复复地多次训练，以至于不论遇到何种实战情境，这些技能都能成为队员身体本能自觉反应机制的一部分。对于突击队员来说，无论遇到

何种情况，人体思维第一反应，就是搜寻其自身经历的"档案库"，看看眼下所面临的任务或要求是否与过去经历过的某个境遇相一致，从而形成了以经验为基础的反应。如果面临的形势独特，那么他的脑中就找不到对应的模式，于是就可能进入软弱无力的状态。大强度、切合实际的徒手格斗训练，实际上就是赋予队员那种精神上的模式，此模式使其能具备大量的、精神上凭感觉就可以找到的"参考档案资料"。通过训练，一次又一次地反复操练格斗技术，以及逐步增大施加压力的强度，使队员具备应对未来实战危险的能力，建立起在生死攸关的环境条件下，身体反射性地动用防卫技术的模式。为了尽快达到这样的效果，在格斗训练中，教官都喜欢选择一些简单易学的技术动作，并花费大量的精力和时间重点练习容易依靠本能就用得上的动作。理由很简单，因为队员遭受对方打击或处于眩晕状态时，他会停止理性思维，头脑中的搏杀欲望顿时增加至极限，由此他的格斗则只能靠自己的本能控制。真正的徒手格斗在进行到白热化阶段时，动作简练十分关键。

戒律四：具备一定的"杀性"，要敢于下重手予以重创。徒手格斗的训练就是"学会如何用自己的身体准确地攻击对方的致命处"。这里最大的忌讳是，切不可把对手予以人性化，而"心慈手软"。队员要学会把对手想象为只是一个攻击的靶子，不要被对手"表情"所迷惑。在赤手空拳与对手相搏时，自己一定要学会把眼前的对手，看作是一个靶子——人体形状的靶心点集合物。把自己视线的聚焦点，对准对手的锁骨处，而不是对方的脸庞。精力凝聚于锁骨处，一则可使自己全面而统视对方的四肢及躯体，可让自己能在对方击打到自己前就预先觉察到；二则也可使自己迅速寻找到进攻的机会，同时，也可避免被对方面部表情或言语所迷惑。当对方的"靶心"露出破绽时，队员就可发挥自身的水平，果敢地实施防控。

五、摔投技术

摔投是近距离搏斗的技术动作，技术使用的目的是破坏对方的重心，维护自己的平衡，以获取行动的主动。

（一）别摔

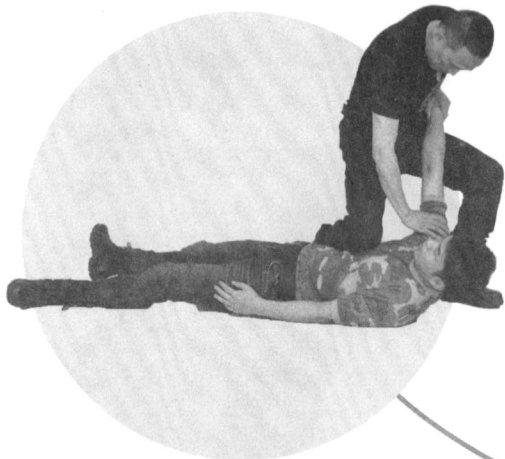

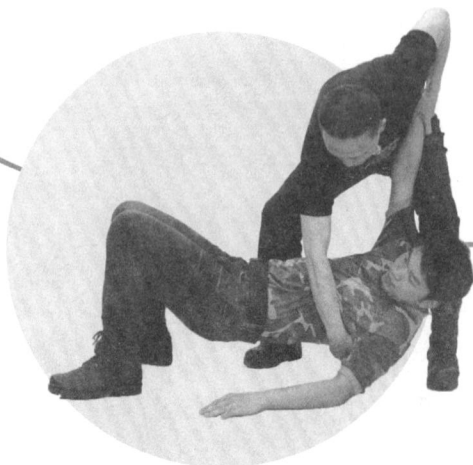

（二）抱腰摔

擦

六、控制技术

控制技术是队员在徒
手对搏时控制对方的重要
支撑技术。根据实战对抗
的现实需求，控制技术的
有效生成，一则通过控制
身体要害部位而达到"四两
拨千斤"的效果；二则通过
控制手指、手腕及肘肩关
节来控制手臂，从而连环
控制对方的全身。

（一）卷腕控制

基本动作

动作过程

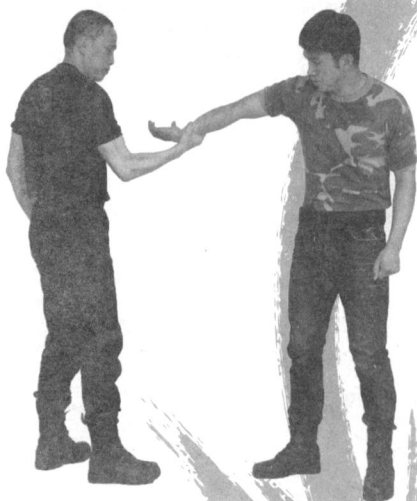

动作运用

运用1

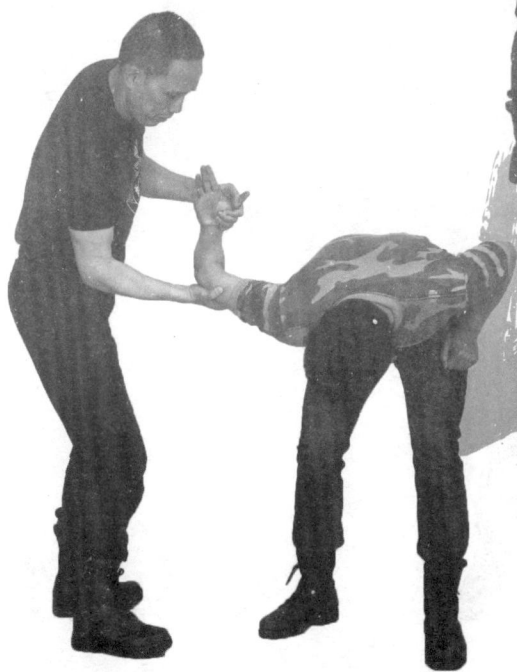

运用 **1**

运用 1

运用 **2**

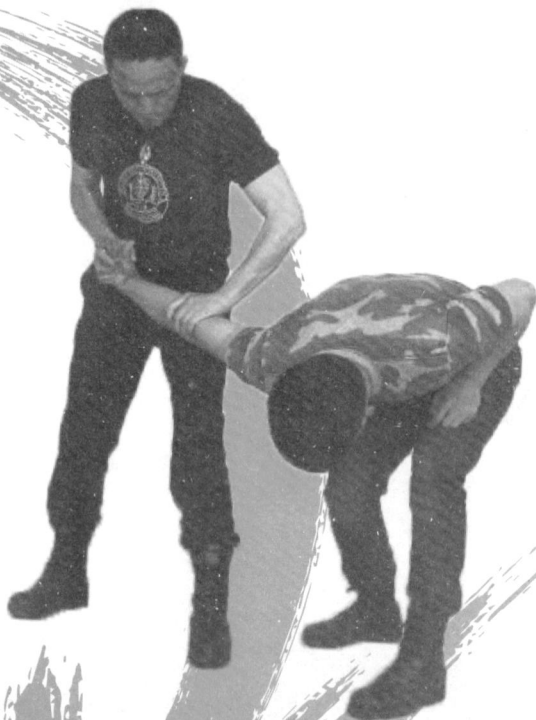

运用 2

运用 3

运用 **3**

运用 **4**

运用 **4**

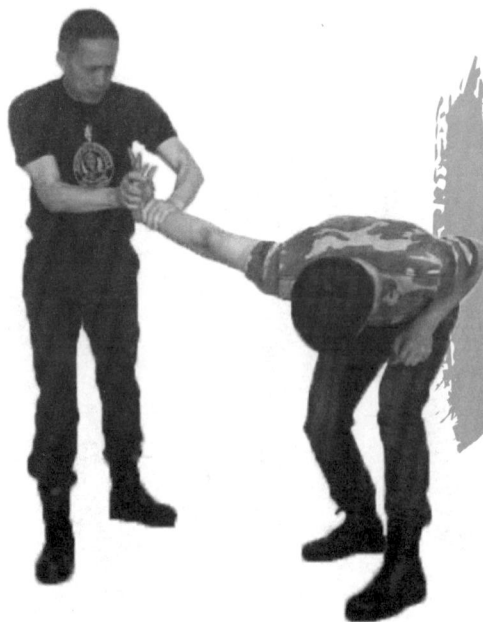

运用 **4**

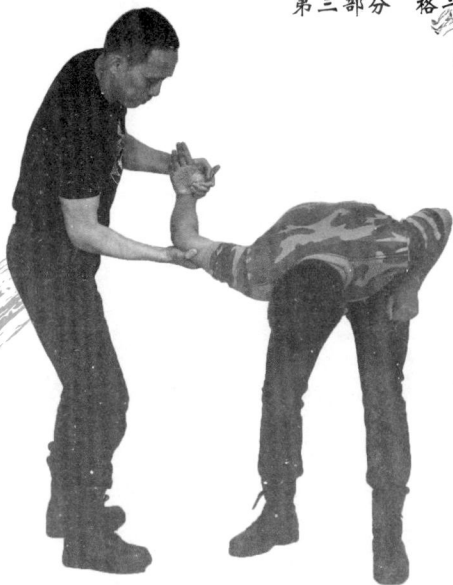

运用 **5**

（二）拧腕控制

基本动作

动作过程

动作运用

运用 **1**

运用 **2**

运用 **3**

运用 **4**

（三）跪压控制

基本动作 1

基本动作

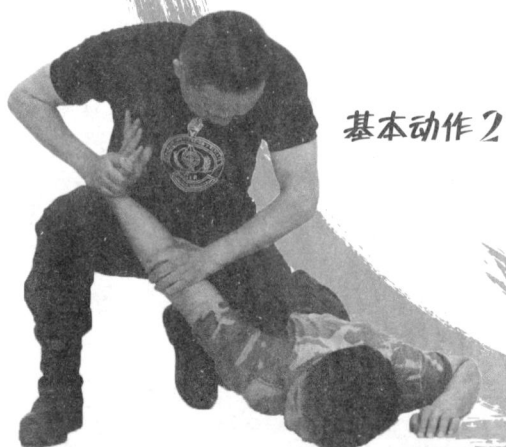

基本动作 2

基本动作 3

动作过程 **1**

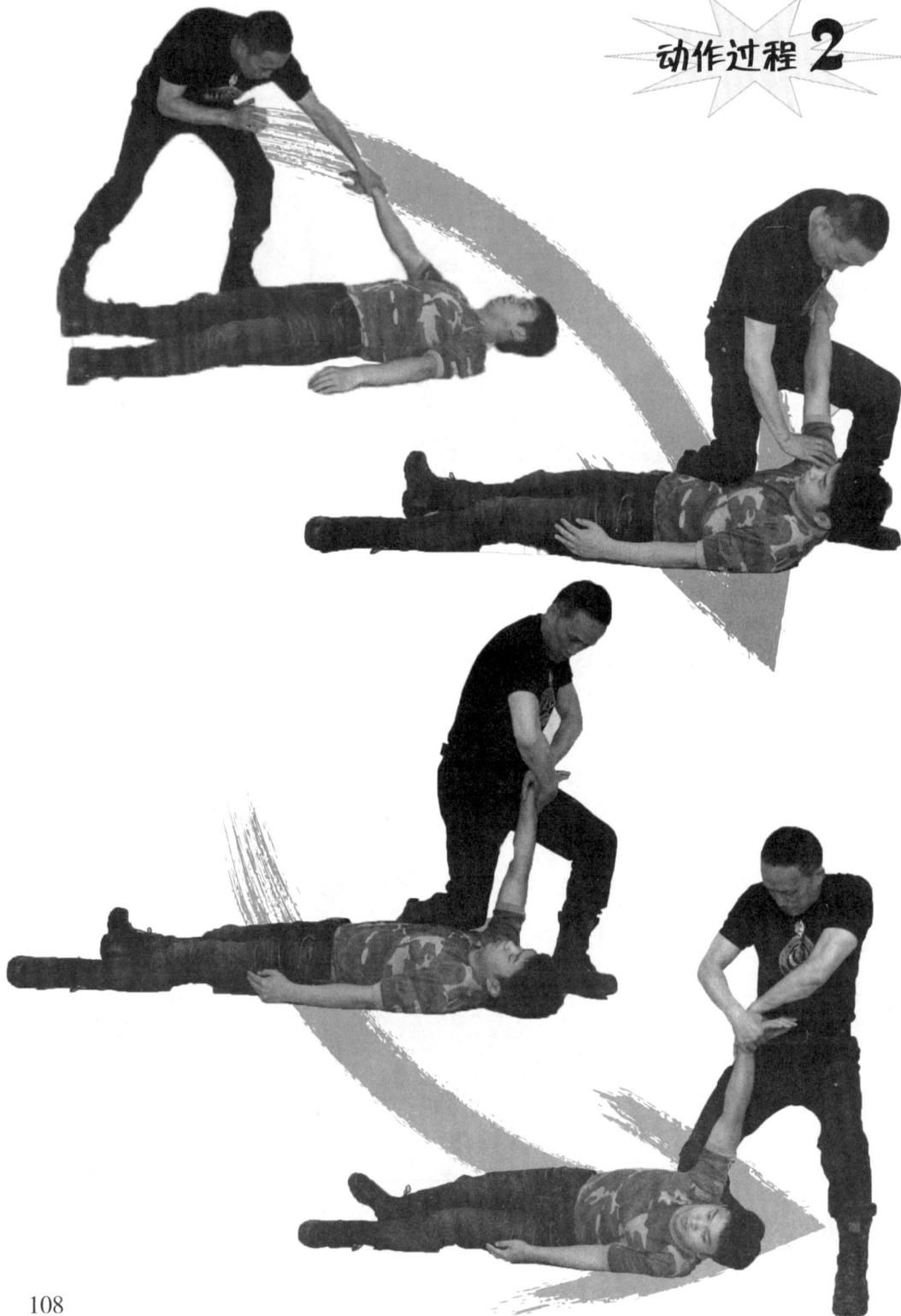

动作过程 **2**

动作过程 **2**

动作运用

运用 **1**

运用 **2**

运用 **2**

运用 **2**

116

运用 **3**

运用 **4**

介绍七：奖赏与惩罚

来到厄瓜多尔的时间不长，我发现这儿的人大部分都信仰基督教，耶稣是他们的上帝。在这里，除了银行，更为漂亮的建筑要数教堂。银行的建筑偏向于现代气息，教堂则古老而壮观。我走过的城市、乡镇，教堂往往是当地唯一的最高建筑和最雄伟的建筑。这些大大小小的教堂，除了外表壮观，里面也是金碧辉煌。而所到之处，见得最多的就是十字架，但是让我印象最深的还是特警队里的十字架。

那是刚到特警队不久，有一次"大头"中尉带着我和刘秘书参观特警队营地，中尉一边走一边告诉我们这里射击场、游泳池，那是教室，教室隔壁的那座两层楼是学员寝室，高墙上的一大块区域是观礼台等。

基多城市的特点是，整个城市都是建在山上，因此，房屋的高低错落很明显，马路蜿蜒，坡度也很明显。特警队的大门是整个营地最低的区域，进了大门往里走，每走一段就要上一些台阶，或走一段上坡路。整个房屋建筑就好像建在一层层的梯田上似的，前一个建筑的房顶，就挨着后一个房屋的墙脚。

当我们走到学员寝室和高墙之间的一块长条绿地时，我发现挨着墙脚的绿地上，插着许多十字架，十字架上还都挂着跟学员一样的钢盔，而且钢盔上也有编号，这一下子引起了我的好奇。我用手指着那一片十字架，要刘秘书问中尉："这十字架是什么意思，而且还戴着钢盔。"中尉没有立即回答，要我们猜一下。在电影里，我见过国外的坟地上都插着十字架，眼前的阵势有点相像，再加上十字架上都有钢盔，我猜想这些十字架的主人都是在训练中遇难的学员。中尉让我们再猜，我们想了想，实在没有更好的说法，于是耸耸肩。中尉告诉我们："这些十字架是标记着那些没有坚持下来的学员，是逃兵的记录，其目的是鞭策受训的学员，要坚持到底，不要成为这'耻辱架'的一员。"

原来如此。十字架，在这里等于"耻辱架"。

接下来的几天，我又发现了一些在我看来很奇怪的现象：国际班的学员中，除了睡觉和吃饭，不管在什么时候，排在队伍最前面的学员总是扛着一面队旗；而在队伍的末尾的学员总是扛着一个木制的十字架，有半人多高，看上

去十分笨重。当学员吃饭时，大旗不能随意放在一边，而是由扛旗者拿着旗帜站在餐厅的最里头，等吃完饭的学员替他后，他再吃饭，吃完饭后再接着扛旗。即使做俯卧撑时，扛旗的学员也不能松手，旗帜得架在他的背上，或者一手撑地，一手握着旗杆完成俯卧撑练习，也就是说，无论站着还是坐着，无论动着还是静着，反正不能让大旗倒下，要让所有人看到"大旗不倒"。在战争片中，我们经常能看到，很多人为了保护自己的军旗而献出宝贵的生命，只要队旗不倒，战士就不倒，队旗引向哪里，战士就冲向哪里，占领敌营的标志就是将自己的队旗插在对方的阵营里。因此，当我听到他们高叫"大旗不倒"时，心灵总有一种震撼。与此同时，这"十字架"又是怎么回事呢？我想也许是跟他们的宗教有关吧，我这样认为是基于我看到他们在结束一天的训练前，全体学员都要跪下祈祷，喊口号，然后才回宿舍睡觉。最后，还是"大头"中尉为我揭开了谜底：原来，这扛旗者是前一天表现最好的学员才有资格扛大旗，那是荣誉的象征；而前一天表现最差的学员，作为一种惩罚手段，要扛十字架，那是"惩罚十字架"，让他背上这沉重的十字架，接受耻辱。每天早晨集合整队后，都要进行队旗和十字架的交接仪式。

经他这么一说，我想起了圣经中的耶稣被判死刑后，就是扛着十字架走向刑场的，最后被钉死在十字架上。我以为，这一奖一惩的制度，是特警队激励和鞭策学员的撒手锏，手段很原始，效果却很好。

到了训练的后期，由于训练内容的复杂性和淘汰率高，基本上不进行扛十字架惩罚了，然而对于一些表现不好的学员，惩罚往往还是离不开十字架的。

让我记忆最深的是在丛林作战训练中进行的一次惩罚。事情的起因是岗哨打瞌睡引起的。

当时我们在野外进行丛林作战训练，每天都露宿野外，学员轮流放哨。一天晚上，教官对学员的野外营地进行了一次夜间偷袭，结果岗哨没有发现，个别放哨的学员还有打瞌睡的。教官从他们身边走过，他们居然睡着了没发现。教官当然不能轻饶他们。第二天一早，教官把"玩忽职守"的学员揪了出来，让他们把外衣脱掉，光着脚，只穿内裤，躺在草地上。任凭草地里的蚊虫向他们进攻，而他们必须一动不动。等蚊虫咬够了，再让他们在地上进行各种正面、背面、侧面的爬行和横向、纵向的滚翻。教官站在一旁，还时不常地用树枝击

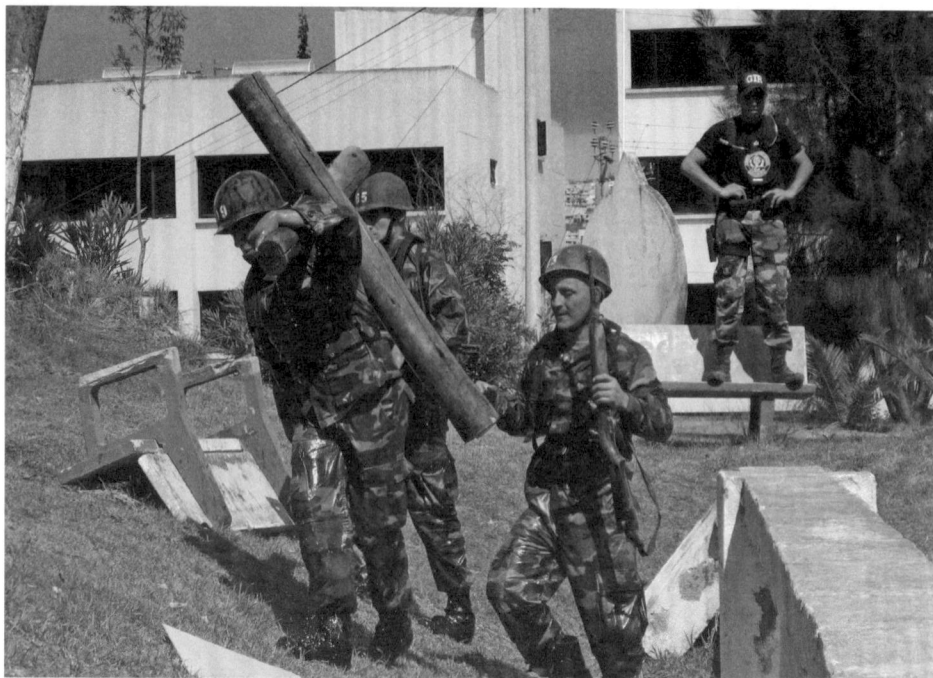

学员开始背上十字架了

打他们。这还不够，教官又找出两个最近表现不太好的学员，让他们两手侧平举，在两手臂的背后绑上一根长木条，分别将他们带到两棵树前，站到树下的大油桶上，身体的背部贴靠在树干上，然后用绳将身体和树干捆住，这样手臂后的横木条和树干形成了一个"十字架"，学员就被绑在这"十字架"上了，活像钉在十字架上的"苦难耶稣"。

总之，在特警培训班，教官的任务，就是尽可能地把学员"整"死，逼到极限；而一名合格的特警队员，不仅不会被"整死"，还需要超越一切。

特警队背面靠山，在那座山坡上有一棵特别的树，那是每个学员在爬山时都想绕开的树，它的名字叫"惩罚树"。学员中，犯了错误的，轻者，教官先惩罚做俯卧撑，然后跑到"惩罚树"那儿；重者，让其身背一个汽车轮胎，爬山到"惩罚树"前反省。

"大头"中尉给我讲了"惩罚树"的由来。他说，十几年前一个月明的夜晚，这座山响起了一声枪响，特警队员们立即搜山，当搜到那棵树下时，发现一名学员倒在淹没树根的血泊中，右手握着枪。他是子弹从右侧的太阳穴穿进致死的，显然是自杀。自杀的原因是这名学员忍受不了训练的艰苦，精神压力

太大。也因此，那棵树就成了懦弱和违纪者反省的标记物。

在特警队里，对人的惩罚，还有很多有趣的方式。

我的课除了晚上的，白天的课都是上午 7:50 开始，因此学员早晨的"集合点名"仪式，我都可以不参加。好几次，我坐在餐厅吃早饭，透过大玻璃窗，看见一些人从队伍中跑出来，翻过特警队后山的矮墙，往山上跑。一会儿，四五个人抬着一人，从墙那边过来。那个人拼命地挣扎，想挣脱，但毕竟是寡不敌众，被扔进了游泳池，成了落汤鸡。他爬起来后，还得灰溜溜地再回到队伍中去。

我想爬山的肯定是受惩罚的学员。这扔进游泳池的可能是犯错误的"主犯"。

过了几天，培训班的班长通知我，晚上和学员们一起参加生日会。这个生日会是将本月出生的教官和学员的生日都集中在一天过，具体的日子是本月的第一个生日。到了晚上，我和刘秘书一起来到了警官餐厅。整个庆祝活动很简单，学员和教官围成一圈坐，学员"智利一号"主持生日会。班主任列宁上尉首先讲话，接着是过生日的教官代表讲话，学员代表讲话。之后，大家相互祝贺，唱生日歌。寿星们纷纷站起来许愿、吹蜡烛、切蛋糕、吃蛋糕。然后是"文艺表演"，所谓的"文艺演出"就是学员随便讲些小笑话，举行庆祝生日活

学员用餐

动主要目的还是放松一下学员的紧张身心。有意思的是这个"和尚庙"（培训班都是男性）里的学员讲的笑话不少都带点"荤"，而且"讲演者"站着连说带比画，有声有色，令在场的教官和学员都笑个不停。例如，一个经常搞训练很少回家的教官，他的妻子终于要生孩子了，他请了假赶到医院，蹲在产房外，一直等着。当听到婴儿哭声时，他兴奋地冲了进去，一心想要男孩的教官听到护士说是男孩时，高兴得不得了，然而一看到孩子他就晕了过去。怎么回事？原来出生的是个黑人娃娃，但夫妻俩却都是白人，怎么出来个黑婴儿，等等。

一阵轻松后，"智利一号"宣布了什么，当时我以为是活动结束，要到餐厅外集合，教官和学员都站了起来往外走。当我最后一个来到外面时，看到大家说说笑笑，打打闹闹，有几个学员浑身上下都是湿漉漉的，手还不停地抹脸上的水。还有一个学员正从游泳池那儿跑过来，嘴里还喊着什么，后面还跟着几个人。我仔细一看，原来这几个落汤鸡都是今天的"寿星"。这时我突然明白了，原来他们将人扔到水里"祝寿"。这里"祝寿"有两种方式：一种是将"寿星"抛到水中；另一种是把"寿星"背朝外地绑在树上或柱子上，解下他的腰带，打他的屁股，让他嗷嗷叫，这叫"回归自然"。你想，母亲腹中的胎儿是在羊水中生长的，婴儿出生后的第一举动就是啼哭。

好在11月我过生日时，只享受了"嘴啃泥"，被弄得满脸都是蛋糕。由于没准备，鼻子让蛋糕给呛得咳嗽了老半天，他们一看，也就饶了我。

七、踢打技术

　　踢打技术是格斗技术中的重要组成部分，每一个踢打技术的完成都应做到速度快，力量重，力点准，预兆小。

（一）上肢攻击

手及肘的击打是要通过动用身体多部位的协调动作而传递式地发力，击打中要蹬地、扣膝、转腰、送肩及出手，从而发挥出身体的整体合力并将之传递到击打的拳、掌或肘上。

1. 直拳。

2. 摆拳。

3. 勾拳。

4. 推掌。

（1）单手推掌。

（2）双手推掌。

5. 劈掌。

6. 击肘。

（二）下肢攻击

脚及膝的踢击一则要柔和地移动身体重心，二则要协调地完成提膝、送胯、甩小腿的动作，以形成提、送、随、挺动作的连环协调发力过程。

1.前踢腿。

2.横踢腿。

3. 侧踹腿。

4. 顶膝。

八、综合运用

徒手格斗技术的学练，其基本的目的是通过身体的锻炼，掌握一定的技术动作，建立一定的对抗思维，形成良好的行为习惯。学在于用，实战对抗情况千变万化，队员必须在现有格斗技术的基础上，根据对方的情况和我方的战术目的，综合运用技术，应对众多的变化情况。

（一）防护控制

运用 **1**

运用 **1**

运用**1**

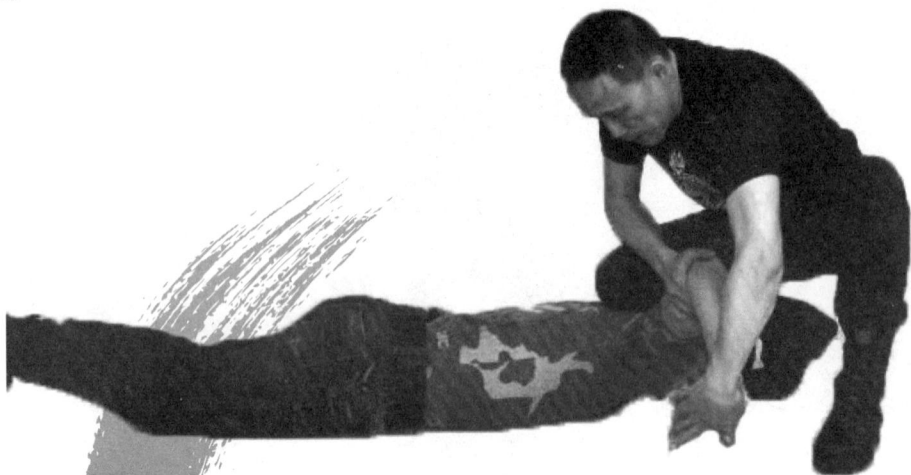

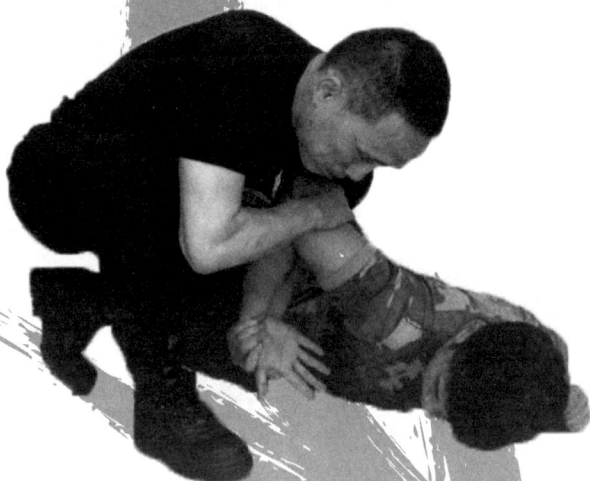

运用1

运用 **1**

运用 2

运用 **2**

运用2

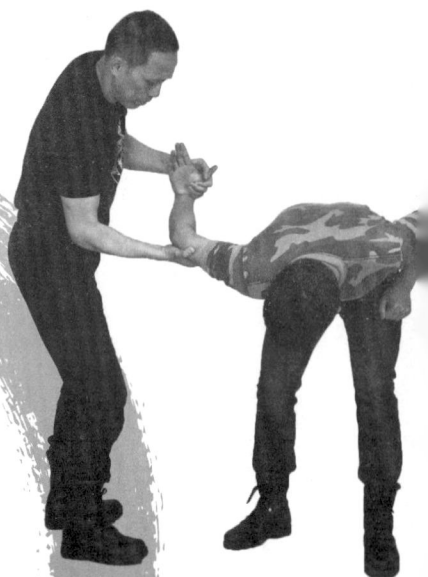

运用 3

运用 **3**

运用 **4**

运用 **4**

运用 **4**

运用 5

运用 **5**

运用 5

运用 5

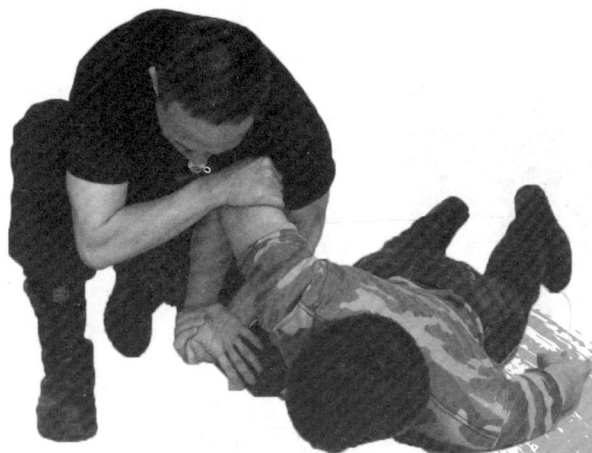

运用 5

（二）主动控制

运用**1**

运用 **1**

运用 **2**

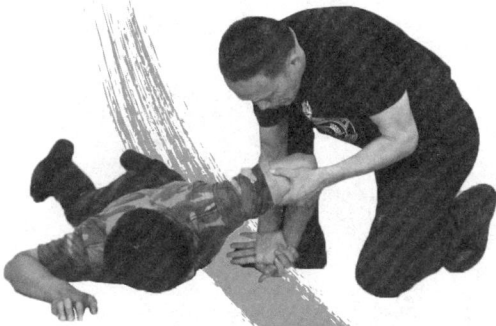

运用 **2**

运用 **3**

运用 3

运用**3**

运用3

运用 **4**

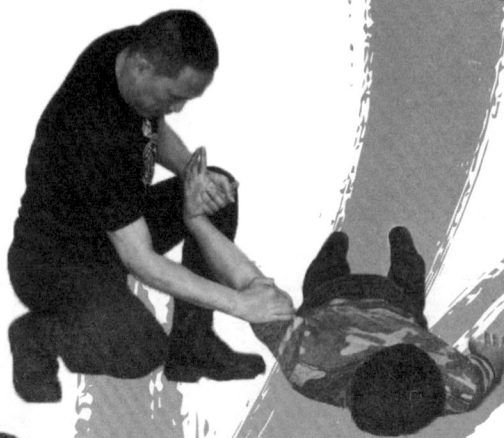

运用 **4**

运用 **5**

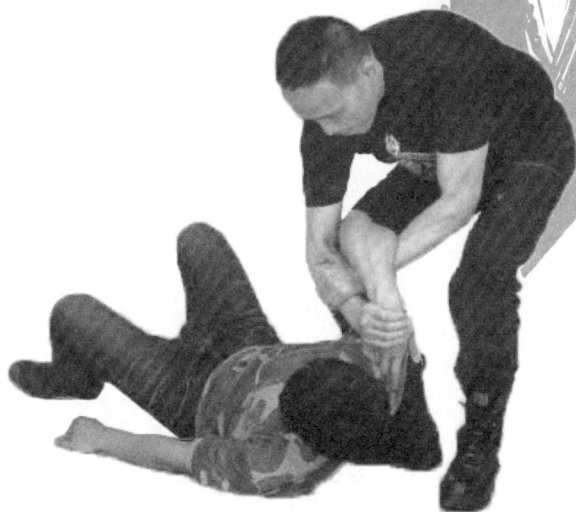

运用 **5**

运用 5

运用 5

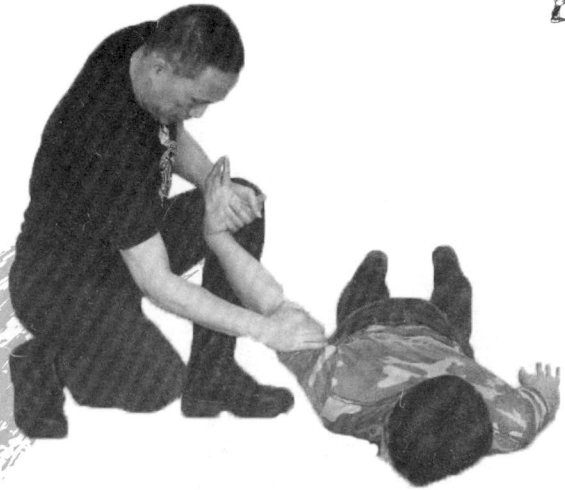

第四部分
辅助练习

柔韧练习

辅助练习是徒手格斗的基础性练习，是技术动作学练和运用的基本功。通常它分为一般性练习和专业性练习。

介绍八：结课考试

我的整个功夫课的课程时间是五月中旬到八月中旬，训练计划是分三步进行的。

第一步是基础训练，时间是六周。此阶段的任务是针对学员整体的身体条件，发展他们的协调能力，同时提高学员基本的自我保护能力。在具体内容上主要是徒手格斗操、格斗拳，以及倒地、反应、功力等训练。徒手格斗操是我自编的热身活动和整理放松活动，其练习内容是将格斗的踢打基本技术编组起来，按照体操的节拍进行练习，以提高学员的身体协调素质，并培养其身体的韵律感，使学员掌握基本格斗技术。格斗拳是将实用的格斗攻防的组合技术编组起来，进行小组、分段和成套练习，以强化学员对基本技术和实用技术的掌握，同时提高其身体素质（操和拳的创编，其目的之一是便于平时操练和表演时的演练）。受身倒地练习主要是身体在地面上的各种滚翻、跌扑、移动动作练习。抗击练习是单人或双人的抗击练习。反应训练是双人的对抗性游戏练习和条件实战，以培养学员的对抗素质。功力训练是采用沙包、木板、砖石及各种靶进行击打练习。另外，还有每周一次的擒拿技术练习。此练习主要是让学员掌握徒手对人体各关节的控制和倒地控制技术，以及警棍的基本击打、防守、抓握解脱和控制关节的技术。最后进行考核，只有考核合格者方可进入下一步的训练。

考试内容有：

第一，功法考试，即由倒地保护、抗击打、功力三部分内容组成。

第二，协调性考试，即格斗组合技术空击。

第三，基本技术考试，即部分套路动作（套路是分大组集体演练打分）。

第四，警棍考试，即基本的单个动作和组合动作抽签考试。

考试的方法是这样：

将考试内容分成A、B、C三组，三组内容都由上面的四部分内容组成。功法、协调性和警棍技术是个人项目考试，基本技术是集体项目。学员在考试的前一天抽签选组。考试由三名教官集体执行，每个教官持有三张牌，三张牌上

分别标有3、5、7三个分数。在考试中，教官可根据学员考试情况出示其中的一张牌。这样去掉两头的牌分，中间的牌分为学员的考分。至此，考试合格者，已基本具备自我保护的素质，这样他们就有资格进入下一步的对抗训练。

第二步是对抗训练，时间是四周。此阶段训练又分平等对抗训练和不平等对抗训练两部分。平等对抗训练是发展学员的实战对抗能力，并培养其实战运用格斗技术的能力。其主要训练内容有：配合性的攻防组合对练、警棍技术对练、拳击对抗、散手对抗以及站桩轮换实战（此练习是强化技术的实战运用和发展专项耐力）。这样在学员已基本具备了对抗的身心素质和实战意识后，再进行不平等的对抗训练。不平等对抗训练，主要的训练内容有：体格小与体格大对抗、人数少与人数多对抗、徒手和使用警棍对付刀刃或棍棒、近身夺枪、摸哨抓捕以及相应的格斗战术知识学习等。至此，在此阶段学员又进一步强化了实战能力，同时也掌握了一些防卫的技能。

转眼间近三个月时间过去了，功夫训练进入第三步训练，即综合训练，我的功夫课也就到了尾声。此阶段主要是将各种技术结合警务实践，进行实际运用和近身肉搏的训练（设置一些实战情景模拟训练）。如对一般暴力的徒手和警棍控制、接近犯罪嫌疑人时的防卫、遭受袭击的反击、摸哨抓捕、突入抓捕的肉搏等。

根据培训班总的训练计划，从八月中旬开始，训练进入特殊阶段——丛林作战训练，基础科目都要在八月中旬结课，因此，我的功夫课也要结课考核。考试合格者由队里颁发训练合格证书。不合格者不能进入下面科目的训练，有的就要离队。合格证书由我签名方可有效。因此，学员都比较重视。这里的学员都很守规矩，没有一个来找我开后门的。有两个受伤学员找我，准确地讲是三个（两个是真伤号；一个是轻伤，自己把伤势夸大了），分别是智利的20号学员、委内瑞拉的7号学员和厄瓜多尔的3号学员，他们都是尉级警官。他们问我如何考试，能否把他们的考试内容缩减一些或者是缓考。我的回答很简单，按规定办。

考试的时间到了，学员在考试的前一天进行抽签，确定自己实用技术考试和选定作业考试（抓捕中的防卫、防暴中的防卫）的具体内容。这两项考完后，进行散手对抗考试。散手对抗考试是根据学员的身高体重分组搭配进行的，对抗不分胜负，只看对抗中的表现。

　　那三个病号也一样进行了这三项考试，只是散手对抗考试时，酌情调整了一下要求，其他都一视同仁。考试结果全部合格。大伙都兴高采烈地拿着证书，进入了新的训练课目。

　　至此，我的援外授课的任务，已经圆满完成，可以打道回府了。然而，特警队在七月份的时候已经多次向我提出，要我延长时间，至少也要延长到这个培训班的结束。他们要求功夫课内容在后面项目的训练中，继续抽时间复习强化训练，这样不能没有教官。于是，特警队向我国使馆提出了延长申请。我也请示了武官，提出了我的意见，我个人也想考察一下他们特警培训班的后面的训练课目。最后获得武官的同意，我取得了延期。当然，我也就随着学员进入了丛林作战训练的课目。

一、热身练习

　　通常热身练习应包括大肌肉群的活动和身体的上末端活动以及下末端活动，另外还有躯干的活动。练习的重点应放在那些在接下去的训练中运动得最多的身体部位，而且练习的动作幅度应伸展到最大的程度。为了发展力量、爆发力和耐力，在热身练习中，动作的姿势要正规化，而且练习时需要平衡力、协调性，需要精神集中。

（一）颈部活动

头是人体的重要部分，且较重，应给予支持它的颈骨以刺激。自然势站立，两手叉腰。头作前后、左右晃动，然后再作左右转动活动，最后作大幅度地绕转，改变绕的方向，多次重复。

（二）腕部、踝部活动

此两部位距离心脏较远，应先给予一定的刺激，可作一些绕环活动。

（三）轻跳慢跑

适量的轻跳、慢跑，以刺激身体，加强气血、热量循环，提高身体的热量，为下一步的活动打好基础。

（四）肩部、腰躯干部活动

自然势站立，两肘充分伸展，手臂作顺时针和逆时针旋转，然后作扩胸、振臂活动。此练习可发展上臂、肩胛骨以及胸部的周围组织，可以提高肩手动作的协调性。

自然势站立，两手臂自然屈起，身体作左右旋转。身体转动时应配合脚的拧转。此练习在一定程度上刺激全身，可发展颈部、肩部、背部、腹部的肌肉和周围组织。两腿分开自然站立，躯干向左右活动，向腿的侧面用力，然后手臂随着上体的两侧运动而协调地在头的上方摇动。

（五）腹部、背部活动

两腿分开，自然站立，上体作前屈后仰运动。当上体向后时，两腿承受一定的压力，应注意身体的平衡。此练习可发展腹、背、肩、胸部的肌肉和周围组织。

两腿分开，自然站立，上体、手臂一起作圆周旋转，力求最大范围活动。此练习可发展背、腹、肩、胸、颈部的肌肉和周围组织，以提高身体的平衡力和协调性。

（六）髋部、膝部活动

自然势站立，两手叉腰，髋部作顺时针、逆时针旋转，旋转的幅度应尽可能大。

身体并足站立，两手放在膝上，膝稍屈，向右、向左转绕。此练习发展髋部、膝关节、腿、手臂的肌肉。

身体两腿前后站立，前腿屈，后腿伸，身体的背部向后倾，身体下蹲，上下振动。此练习可发展腿、髋部、背、颈部的肌肉和周围组织。

（七）全身活动

身体自然前后站立，前腿支撑，后腿伸直，高前踢尽量向前方摆起，然后前后腿交换，重复高前踢练习。此练习发展颈、腹、髋、背、肩部的肌肉和周围组织，提高身体的协调性。

两脚交叉站立，后腿朝侧旁直腿摆起，然后前后腿交换，重复此练习。此练习可提高身体的平衡性，发展腿、髋、胸腹部肌肉和周围组织。

身体自然前后站立，后腿支撑，前腿伸直向后摆起，然后前后腿交换，重复此练习。此练习可提高身体的平衡性和协调性，发展腿、髋、背部的肌肉和周围组织。

身体自然势站立，原地高抬腿跑。两手臂自然摇动，提起的膝应保持一定高度。此练习发展手臂和腿的耐力，提高身体的协调性和爆发力，并且对心肺功能有锻炼作用。

身体俯卧，两手屈臂支撑，用力伸直，然后，两手支撑身体重心，两脚蹬地，体前收腿，上体抬起，两腿直立跳起腾空。两脚落地，身体全蹲，两手向前扶地支撑身体，两腿后伸，身体成平直俯卧状。此练习发展全身协调性和锻炼心肺功能。

二、转体练习

　　格斗对抗讲究身体姿势，为了追求最有效的格斗姿势，队员应该培养自己以腰部为动力以及平衡的中心点，从而再去施展踢、打、摔及拿等动作。强化这方面练习，可以使自己的动作既有力又稳定。

转体击打练习是一个有效的练习方法，练习应按照由易到难、由浅入深、循序渐进的原则进行，一般分为三个步骤进行。

（一）原地练习

1. 转体击拳练习。

2. 转体击掌练习。

3. 转体击肘练习。

4. 转体踢击练习。

5. 转体组合踢打练习。

（二）移动练习

1. 转体击拳练习。

2. 转体击掌练习。

3. 转体击肘练习。

4. 转体踢击练习。

5. 转体组合踢打练。

（三）蹲起练习

1. 原地高抬腿练习。

2. 原地、跑步中连续击拳练习。

3. 下蹲、起立、提膝、顶胯练习。

4. 下蹲、起立、踢腿练习。

5. 下蹲、起立组合踢打练习。

三、靠臂练习

　　靠臂练习能有效地发展队员手臂的抗击能力和身体的整体协调力。练习中要以腰带臂，沉肩含胸，靠臂的瞬间保持手臂的紧张度。靠臂练习有"一靠臂"练习、"二靠臂"练习及"三靠臂"练习。

靠臂练习

靠臂练习

靠臂练习

四、攻防对练

　　攻防对练是队员在学练和掌握攻防技术后的身体适应训练，一方面强化队员的攻防意识；另一方面发展队员身体攻防的肌肉协调性。通过攻防对练，队员加深理解了动作的攻防含义，增强了攻防意识，重复记忆了肌肉的协调感觉，整体上增进了队员身心的攻防协调能力。

（一）格挡对练

预备姿势：

甲乙双方（图中着黑衣者为甲方，着浅色迷彩服者为乙方，下同。）面对面站立，相距两步，分腿站立姿势，双手握拳，双臂弯曲，置于胸前，拳与下颌同高，沉肩垂肘，目视对方。

动作过程：

1. 乙方，右摆拳击打头部。

2. 甲方，左臂上格挡防守。

3. 乙方，左摆拳击打头部。

4. 甲方，右臂上挡格防守。

5. 乙方，右勾拳击打腹部。

6. 甲方，左臂下格挡防守。

7. 乙方，左勾拳击打腹部。

8. 甲方，右臂下格挡防守。

9. 乙方，右直拳击打胸部。

10. 甲方，左臂内格挡防守。

11. 乙方，左直拳击打胸部。

12. 甲方，右臂内格挡防守。

13. 乙方，右劈掌击打头部。

14. 甲方，上"十字架"格挡防守。

15. 甲乙双方反复练习格斗姿势。

16. 甲乙双方攻防交换练习。

动作要点：

出拳与格挡防守应结合身体的旋转，动作的完成幅度不可过大。

（二）闪躲对练

预备姿势：

甲乙双方面对面以格斗姿势站立，目视对方。

动作过程：

1. 乙方，左直拳击打头部。

2. 甲方，向右侧闪身防守。

3. 乙方，右直拳击打头部。

4. 甲方，向左侧闪身防守。

5. 乙方，左摆拳击打头部。

6. 甲方，下潜右摇避闪躲防守。

7. 乙方，右摆拳击打头部。

8. 甲方，下潜左摇避闪躲防守。

9. 乙方，上左步，左勾拳击打腹部。

10. 甲方，斜后撤右脚，侧闪身闪躲防守。

11. 乙方，前滑步，右勾拳击打腹部。

12. 甲方，斜后撤左脚，侧闪身闪躲防守。

13. 乙方，右勾踢腿，勾击甲方左小腿。

14. 甲方，提左膝闪躲防守。

15. 乙方回收右腿，成格斗姿势；甲方双臂屈肘回收，成格斗姿势。

16. 甲乙双方攻防交换练习。

动作要点：

出拳攻击和闪躲防守应结合身体的旋转进行练习；上体闪躲时，动作完成后，头部应尽可能回到身体中线位置；动作的完成幅度不可过大。

五、套路练习（格斗拳）

　　套路练习也称"型"的练习，它是个体自我练习、品味动作外形、体验内心气力的练习手段；也是修炼身心、复习动作、强化内心攻防意识、达到内外一体的重要内外功修炼手段。

格斗拳连续图解（一）

预备势

格斗势

格斗势

震脚顶肘

193

右直拳

左格档

提膝左推掌

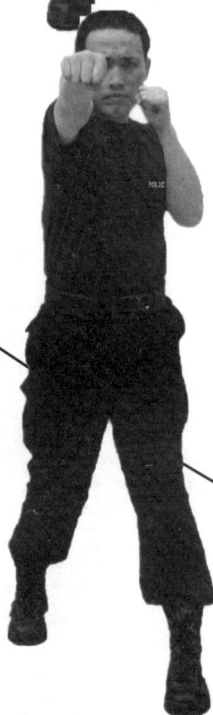

右直拳

右前踢

左勾拳

左下挡格

左上挡格

右直拳

格斗拳连续图解（二）

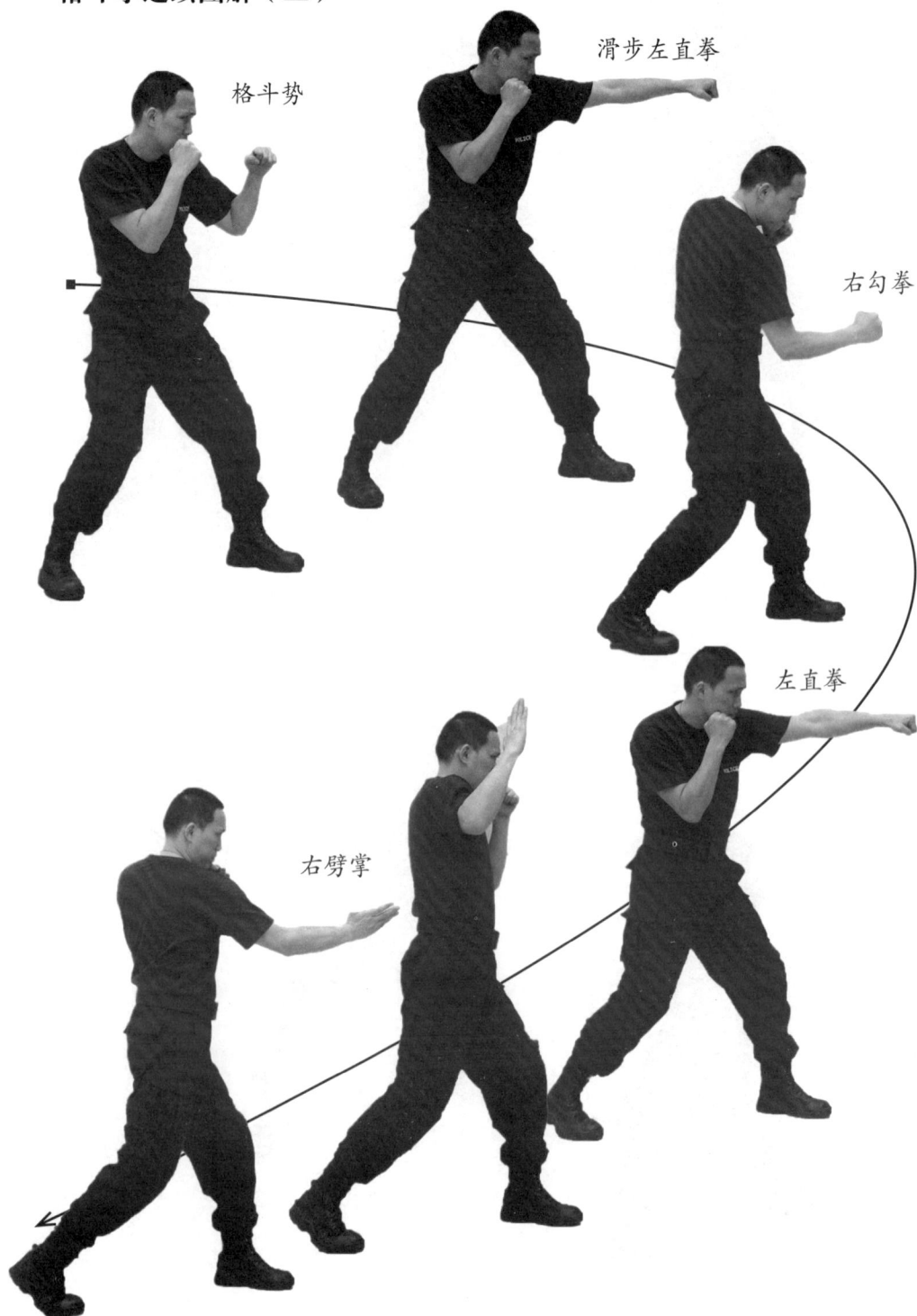

格斗势

滑步左直拳

右勾拳

左直拳

右劈掌

抱腿顶摔

格斗势

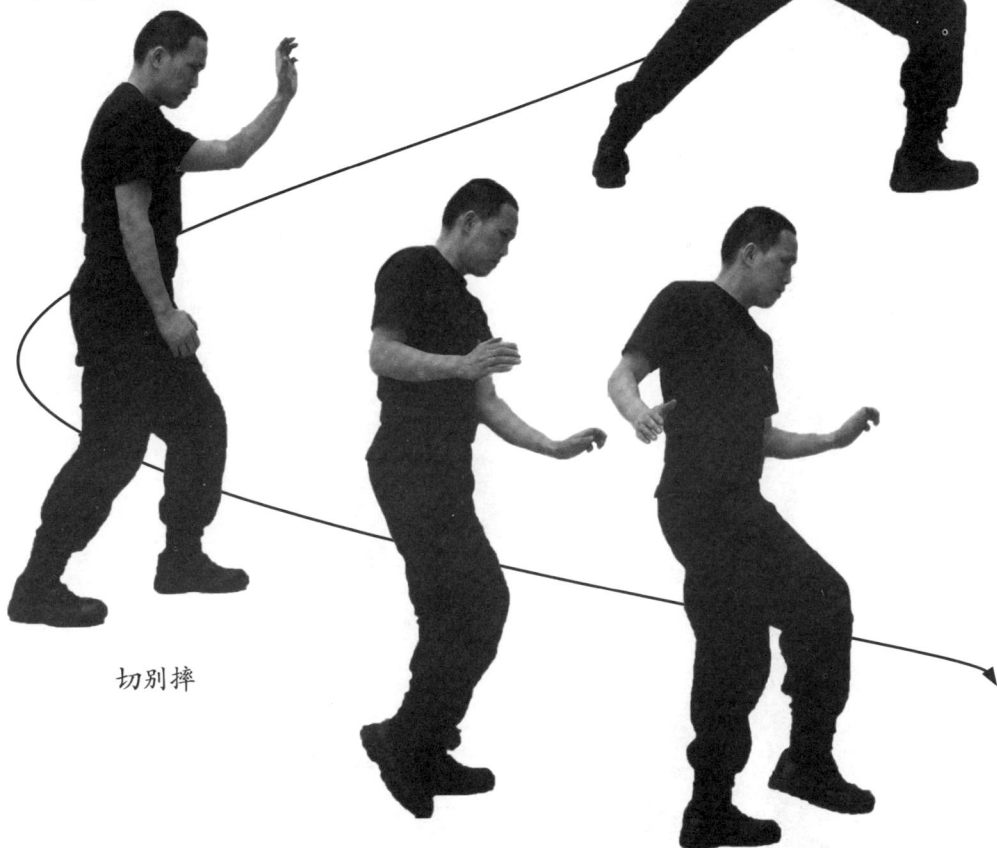

切别摔

格斗拳连续图解（三）

回身右格挡

左直拳

右直拳

左前踢

右横踢

格斗势

左直拳

锁喉摔

格斗拳连续图解（四）

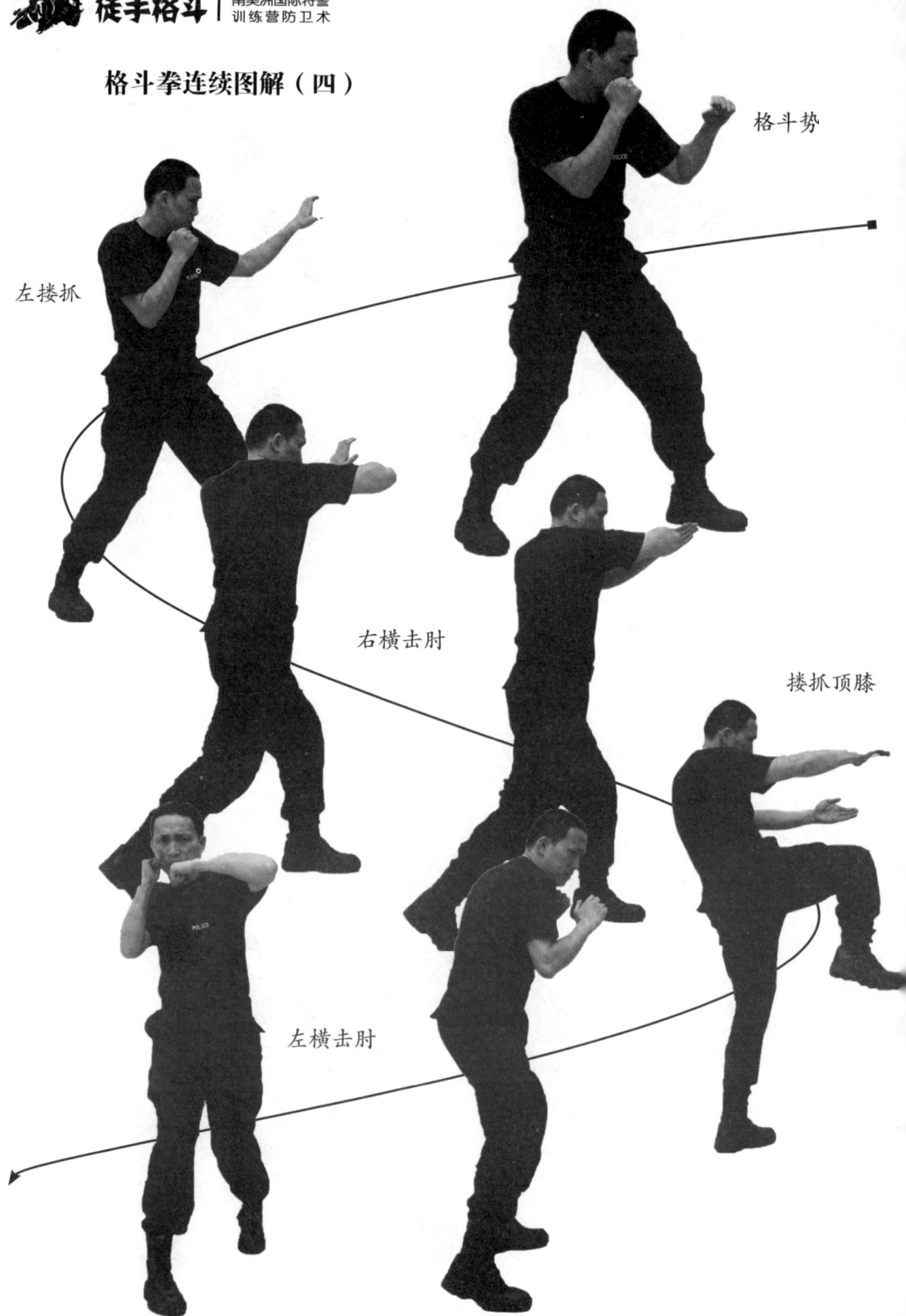

格斗势

左搂抓

右横击肘

搂抓顶膝

左横击肘

退步右推掌

左推掌

右直拳

格斗势

收势

介绍九：西班牙语学习

不管是在厄瓜多尔执教期间，还是回国后，人们都对我一人在语言不通的情况下进行教学训练，而且还冒着"生"与"死"的考验参加培训，觉得很奇特。

的确，在国外工作，语言是第一障碍，也是最大的障碍。我想，如果我是专业外语人才，人们根本不会问我这个问题。人们的好奇心在于：我是个练武的，理应属于那种头脑简单、四肢发达的粗人。

其实，我觉得任何人在内心有压力的情况下，都能做出平时所不敢想不敢做的事情来。我常常自律，与其花精力去羡慕别人，不如下功夫做我想做的事。

当我意识到武术越来越具有国际化倾向时，我开始自觉地学习英文，希望有朝一日能成为中国武术文化传播的使者。我是带着用英文上课的任务而来的，但当我给大家上课时，我才发现这儿80%的人都讲西班牙语。也就是说，这是学员的母语，他们平时在交流什么，心里想什么，他们对我教学的反映，甚至他们开玩笑的话我都听不懂，我无异于聋哑人，睁眼瞎。

没办法，我把学英语的方法又搬了出来。

首先，事先准备，死记硬背。在与学员交流之间，我把事先想要说的话，平时最常用的单词，请使馆的刘秘书先翻译好，然后死背，再死背，到时候硬着头皮说，学员听不懂，我也厚着脸皮跟人家说，句子说不好，就一个一个"蹦"单词。这样次数多了，学员终于能听懂几个单词，也就大概明白了我的意思。在日常生活中，一些日常用语，不管我讲的西语好与坏，对与错，只要有几个单词对方能听懂，我所要表达的意思他们就会基本明白。然而他们说话，一开始我完全听不懂，但后来我也有了办法，掌握了窍门，只要同他们交谈，我首先看其脸部表情和神态，其次感觉其语调，然后抓住几个能听懂的单词，根据我的理解和猜测，采用反问的方法证实是否就是我所理解的意思，同时配合"手舞足蹈"的"肢体语言"。这个方法还很管用，来回这么一问一答，所

讲的内容就基本搞明白了。时间一长，他们知道了我的语言规律，跟我讲话尽量简练，同时配合一些手势，这样大家基本上都能进行沟通交流。

有意思的是，好多特警队之外的人跟我交谈，如果谈话简单，我基本能听明白，能同他们交谈起来，但是如果内容稍微多一些、复杂些，我就得找队员给我翻译，尽管队员也是用西班牙语告诉我，但队员的西班牙语我能听懂，别人讲的西班牙语我听不懂。

当然，我同队员交谈也有区别，跟我交往多的队员我们相互之间能很自然地交流，如果对方能说一些英语那就更好了；交往少一点的队员，有时交流起来就不是很明白。一些想练习英语的队员经常找机会和我交谈，我在同他们说英语的同时，也学习西班牙语。

让许多队员迷惑不解的是：为什么每当他们说我坏话、说下流话时，或吃我"豆腐"时，我都能听明白，并且还能及时给予反击。

他们说："中国人太聪明了。"他们还问："中国人都像你这样吗？"

其实很简单，只要稍微留点心观察，你就会发现破绽。他们说话办事不像中国人那样含蓄，比较明朗化，许多时候他们还没有开始说话，我就猜到他们要讲哪方面的话了。另外，对于"女性"问题的理解，全世界的男人可能都有一些共同的"认识"。所以，有的东西一点就明白，一个动作就能猜到八九不离十的意思。

我随身带着笔记本和笔，随时问，随时记。生活在特警队对于我的语言学习来说，应该算是一个非常好的语言环境，因为除了我说中国话以外，别人都讲西语，没有机会让我说中文，听中文。所以，每天听到的和张口说的都是西班牙语，不说就不成，逼得没办法，我就像个三岁的孩子一样，见到什么就问什么，非常好奇。队员们也愿意教我，看到什么就告诉我这些东西的西班牙语发音。有的甚至教我绕口令，我跟着说，直绕得我自己发晕。

后来，国际班一结束，我的训练轻松了许多，有了空闲的时间。于是，我每周四次定时到华人教会上西班牙语课。我的西班牙语老师是教会的牧师和他的夫人。这位牧师祖籍是广东人，在当地一家电视台工作。他为人热情而富有爱心，常年利用业余时间免费给在厄瓜多尔的华人教授西班牙语，我每周有两次上午的课是他来上。由于他能讲中国话，所以，我上他的课除了按照教程进行外，重点是学习一些语法。下午有两次课是他的夫人上，他的夫人是厄瓜多尔人，善良而富有耐心，中国话基本上不会，只会说简单的几句"很好"、"对了"，等等，她上课总是备着一本西汉词典，有些单词需要解释时，她就直接把词典翻开，让我看。本来这牧师夫妇俩是配合着讲课，牧师教初级班，夫人教提高班，我为了加强学习，两个班同时上。这两位老师一个是东方教学法，可以说是照本宣读式的，方式比较死板；另一个是西方教学法，方式比较活跃，采用多种教学辅助工具，尽量使教学内容形象化。

牧师夫妇有一个非常可爱而漂亮的女儿，大概十三四岁，英语讲得很好，还能弹一手好琴。每次下午上课，她都陪着妈妈来。在上课中遇到一些不好解释的问题时，她妈干脆让她用英语给我解释。我是既学西语，又练英语。一段时间下来，由于精神高度集中，经常弄得我是头昏脑涨，错乱得不会说中国话了。

在他们的帮助下，我慢慢地掌握了西班牙语的基本语法、句型，开始试着自己组织句子与别人交流。同时，每次课前和课后我都做好预习和复习，跟生人谈话时也开始主动找话题。

我的好朋友少尉秋嘎的姐姐，是当地语言学校的西班牙语老师。由于我和秋嘎的这层关系，她常常利用节假日或休息日，给我上西班牙语课。我跟他的家人也建立了非常友好的感情。秋嘎的母亲是一位热情好客的老人，我管她叫"妈咪"。老人家非常喜欢我，家里有活动都叫着我。每次我到他家，周围的邻居，特别是一些小朋友，知道我是特警队的中国功夫教官后，看到我来，都会非常高兴而热情地过来跟我交谈，教我西班牙语。而我也跟他们讲一些东方的故事，特别是古人的练武故事，他们都听得入迷。

一次，我应邀参加秋嘎姐姐孩子的洗礼。那天来了不少他们家的亲戚，让我非常吃惊的是，居然在座的客人中，有三位长得非常像东方人。我好奇地打听才知道，原来在秋嘎的爷爷辈的兄弟姐妹中有同中国人结婚的，还有娶日本人的。他们的孩子及孙子孙女们尽管已经不会讲汉语或日语，但从他们身上仍然能看到东方人的气质和形象。在一次吃饭中，他们的一位亲戚居然很快地就会使用我送给他们的筷子，秋嘎的姐姐也能较好地使用筷子，但他们都告诉我，这是头一次在中国人的指导下使用筷子。

九个月来，西班牙语学习真正长进的是后面的两个月。尽管以前每天都跟特警队员们在一起，但由于教学工作和自身受训占去了绝大部分的时间，身体和心理的疲劳，往往使我不能进行系统性的学习。当时听了一大堆，笔记本也记了一大堆，就是没能很好地消化，学习时间保证不了，而且学习的效率也不高。

后来有了教师的系统教学，我逐步掌握了一些西班牙语的发音和语言规律，这令我在学习语言上有了快速的进步。

特警队里有很多人学了多少年的英语也学不好，对于能讲英语的人他们都很羡慕。

当地人说英语，对 P 与 B、V 与 B、L 与 R 的发音不太准，不容易分清，平时说话卷舌音很厉害。但我所接触的英语老师的发音还是不错的，我跟他们用英语基本能很好地进行交谈，只是双方在一些说话的表达方式上略有不同，可能都带有一点本国化吧。在特警队只要能说上一点点英语的人都愿意同我说英语，因为他们讲好讲不好，我都能同他们交流。有几个人通过同我的接触，原先都是哑巴英语，后来见了我都能张嘴就来。有一天，"大头"中尉教官问我："我说英语，你真能听懂？"我说："当然！要不然我们能这么聊吗？"他又说："但是我的英语老师，老说我英语讲得不好，给我挑毛病。"我说："那是你的老师水平不行，我这外国人都能听懂你的英语，这不是最好的证明吗！"他听了很高兴。对于他们说英语，我是感触很深的。英语老师对他们的语法要求和我对他们的语言要求相差很大，我只要同他们达到能了解、明白即可，至于语法、表达艺术性、发音的准确性等，这些都无所谓，只要能猜出意思来，就"OK"了。所以，他们用英语同我交谈，总是能不断地得到我的鼓励，是我帮助他们建立起了开口说英语的信心。他们跟我说话，有时说着说着，不知道该怎么表达了，找不出合适的词来，这时我就找一些西班牙语单词或英语单词，告诉他，帮他完成"造句"。有时他们讲了半天，也没说个明白，我就干脆用西班牙语问他想说的意思，然后再告诉他英语怎么讲。这样一来，既帮助了他们，也提高了我自己。

由于我在特警队的"折腾"，结果特警队掀起了一股学习英语的热潮。队长特意给队员们请来了英语教师上课，有时间我也去听课。结果慢慢地我成了英语老师的"助教"。有时老师讲的英语，队员没听懂，我就偷着用西班牙语告诉他们。有时英语老师也用英语向我提问题，我却用西班牙语回答，她说我是"捣乱"分子，要罚我。因为她要求在课上每人都必须讲英语，不能讲西班牙语。我开玩笑地解释说："我现在讲西班牙语比讲英语的感觉还好。"她反应过来了，说："英语和西班牙语对于一个中国人来说，都是外语。"我对西班牙语逐渐有了感觉，这令我像扔掉双拐的伤员，突然恢复了大步流星走路的快感。

功夫不负有心人，最初，我和特警队员一起训练课目时，因为不通他们的母语，不得不扮成哑巴。在离开特警队的最后两个月，我与队员们乘车巡逻时，我竟然跟他们滔滔不绝，谈个没完，他们是看着我"成长"起来的，都很吃惊我的"成长"速度如此快。在后来的一段时间里，为了锻炼自己的语言能力，我外出买东西都不要派车。我事先把我要去的地方的名称、方向及乘坐的公交车车号问清楚，然后自己乘公共汽车上街。一开始，他们还不放心，叮嘱我如果找不到路就给特警队打电话，他们好派车去接我，但一般我都能自己按时回来。

基多的公共汽车有个特点，公共汽车的门永远是开着的，上下车的人（除了老年人和小孩）都是"飞虎队员"，车没有停稳就一个箭步跳了上去，下车也一样跳着下。

在我离开特警队回国的那天上午十点，特警队在礼厅为我举行了颁奖和送行仪式。尽管那几天，社会治安有点乱，特警队的任务多，大部分人员都被派到外面执勤去了，但那天队长还是留下了许多队员参加我的证书颁发会。在会上，我获得了"教学训练荣誉奖"、"特警队防卫教官证书"，以及特批的"荣誉特警队员证书"。当主持人要我讲话时，我站起来向特警队队长行了个礼，并按照他们的礼节，用英语说："尊敬的队长，请允许我发言。"队长点头示意，然后我走上讲台，用西班牙语发表了讲话。我这西班牙语讲话使得在座的每一位都感到惊讶，连使馆的武官都很吃惊，尽管我的发音有许多问题，我的语法也不一定准确，但我的发言稿是在我发言前的两分钟内写出来的。当我勇敢地说完我的发言后，全场响起了长久的掌声。最后，队长作了总结发言，整个仪式在厄瓜多尔的警歌声中结束，在场的所有队员同我一一握手祝贺。

临近中午十二点，我乘车离开特警队的营地。我回头深情地、久久地凝望

着营地大门的特警队队徽，一直到拐弯。

一辆特警队的客车随同我们到机场送行。到了机场后，当地颇有影响力的一家媒体记者闻讯赶到机场采访王武官和我，并为我们全体人员拍了合影。

相聚终有离别，该到登机的时间了，我又一次和队员们握手拥抱道别，挥手告别了还在流泪的亲人们，踏上了回国的飞机。